Choose Freedom

NLP之父
3天改變你的一生

理查・班德勒、
艾里西歐・羅伯堤、歐文・菲茲帕特里克——著
吳孟儒——譯

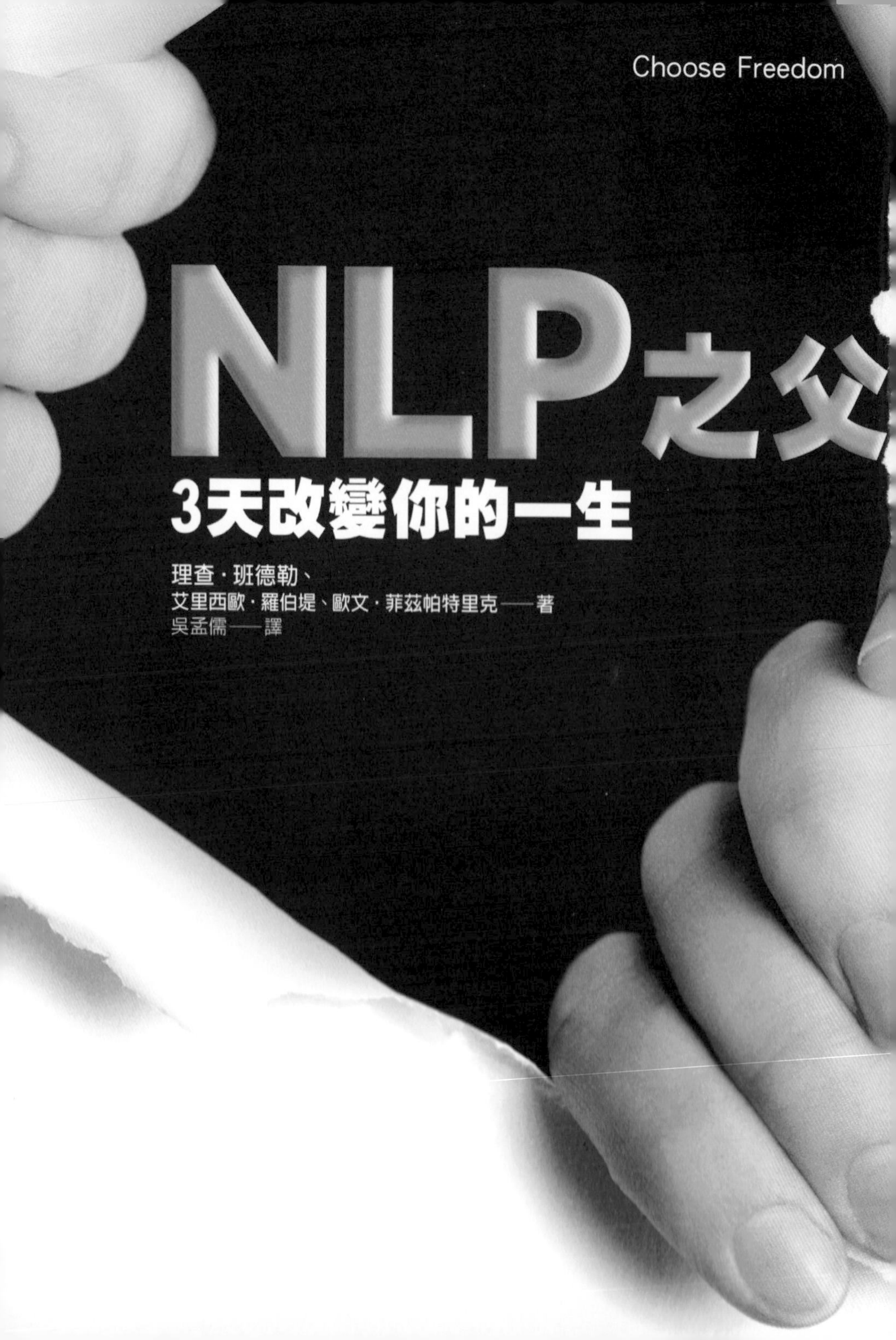

〈推薦序〉

一本輕薄短小但威力強大的工具書

NLP高階訓練師　陳威伸

這是一本輕、薄、短、小，但是威力強大、效果顯著的實用工具書。

我想，我應該以兩種人爲對象，來介紹這本書的特色與好處。一種是學過NLP（神經語言程式學）的執行師或高階執行師，另一種是沒學過或只是耳聞過NLP的一般讀者。

假如你學過NLP，你會發現這本書裡用到許多你耳熟能詳的NLP技巧、概念與模式。細數書中所展示的技巧與概念如下：

1.自己必須當家作主的概念。

2.把注意力放在如何解決問題，而不是急於追究爲什麼出現問題。

3.重點不是發生了什麼事，而是這件事如何被呈現爲問題。

4.運用次感元（submodality）的改變技巧，讓負面思想或感受改觀。

5.運用感元ＶＡＫ來呈現個人的想法或狀態。

6.「咻」模式的飆換法。

7.觸覺次感元的逆轉法，以改變身心感受。

8.快速驚慌去除法（ＶＫ分離法）。

9.能量方塊或卓越圈的設置與引用。

10.挑戰心中既有的假定，以突破限制性信念的桎梏。

11.隱喻與故事療癒。

12.心態或狀態（state）的運用。

13.設定目標的原則。

14.問問題的技巧（正向的、朝目標邁進必須做的事等等）。

我想，雖然我並未一一列出書中所有的技巧，但學過ＮＬＰ的人應該已經看出，這小小的一本書居然包含了那麼多NLP的重要概念與技巧模式。因此，在看這本書的時候，不要將它視爲另一本NLP教科書，只是跟著書中的順序做練習，而是應該站在後設立場，觀察作者如何將NLP的理論與技巧連結到實際生活上的應用。

對學過NLP的人而言，這是一本另類的導引書——不只是對NLP技巧的再學習，而是導引，甚至促使其去思考如何進一步將所學的各種NLP技能生活化、細節化及實務化。

而對另一大半從未學過NLP的讀者來說，這是一本千載難逢、關於個人改變與突破的指南，是這類題材出現以來，最簡約、最實用、最容易上手的個人成長手冊。

首先要簡單介紹一下何謂NLP。這是一九七〇年代，班德勒與葛瑞德這兩位跳脫常軌、具備另類思維的人師法當時分別在溝通、家庭治療、完形治療及催眠治療領域執牛耳的四位大師，而建立起來的一套研究人類主觀經驗如何運作的模型與技巧，可以幫助人們改善生活、「模仿卓越」，快速達到自己想要的目標。

起初，NLP只是大學裡面那些可以接受前衛思想的人開讀書研討會的題材。後來，因爲各行各業的許多人士加入，並帶入各自的專業，豐富了NLP的內涵與觸角。很快地，在七〇年代末期，出現了第一本NLP的研究心得：《大腦操作手冊》。這本書出版之後，一時洛陽紙貴，在當時新時代運動風行之際，被尊爲顯學之一。

NLP的特點從它的名字就可以看出來：

N代表「Neuro」，意爲「神經的」，指的是我們透過五官取得五感，形成五識。這一進一出之間，因爲每個人有意或無意採用的過濾器不同，而形成每個人不同的人生觀與生命態度。

L代表「Linguistic」，意爲「語言的」，指的是我們透過口語及非口語的方式，理解與表達自己的想法。口語的方式比較容易理解，就是以語言的模式表現；非口語的方式則是指我們的身體表達，例如高興時，身體通常呈現比較開放、昂揚的狀態，而難過時，身體常常會不自覺地往內縮、變得緊繃等。藉由這些口語及非口語表達的同步呈現，就可以觀察出自己或他人內在的衝突或矛盾。

P則代表「Programming」，爲「程式」之意，指的是當我們有所思、有所學之後，就會形成種種不自覺的習慣。這些習慣有好的，例如遇到問題就會積極尋找解答，但也有人不知何時種下不好的習慣，例如遇到困難就會閃躲、逃避，或是失敗過一次，就以爲自己永遠不會成功了。

對NLP的基本要素有所了解之後，你就知道爲什麼這本書裡會運用一些在其他地方比較少聽到、甚至有些另類的想法與改善方法了。接著，我就直接以書中的一些概念與步驟，爲大家建立興趣。

作者一開始就從觀念上的突破切入，例如：

・我們最大的限制，不是想要卻做不到，而是從沒想過自己做得到。

・所謂的個人自由，就是感受自己到底想要什麼的能力，這樣你才能消除恐懼、悲傷與仇恨的枷鎖。組成這些枷鎖的，就是負面感覺、限制性信念，以及破壞性行爲。

・要經常問自己更多具有挑戰性的問題，例如：「我要怎麼讓自己開心？如何把事情變簡單一點？怎麼讓這件事變有趣？」

・重點在於放下問題，多想想解決方案；重點在於讓自己大部分的時間都感覺美好；重點在於善用技巧優雅地處理自己所面臨的困境，以及碰上的那些不好相處的人。其實，你比你想像的更能掌控自己的人生。

・我們最大的敵人是內在的另一個聲音，它常常是狐疑的、批判的、譏諷的、負面的。而如何停止或轉化這個聲音，往往是脫困與解套最大的契機。

然後，不同於一般的勵志或成功學書籍，作者班德勒帶入NLP的特色，不再無止境地探討問題的原因與背景，而是馬上提供一段「小而美」的練習，讓你當下就可以體驗。你的身體感受及心理上的改變會告訴你，這項練習對你是否有效。更重要的是，你負面感受的轉變或正面期盼的強化，也會讓你清楚地知道你可以往下一個階段前進了。

所以，這本幫助人們改變自己的工具書，不僅可以提醒學過NLP的人如何深化概念與應用所學，對一般讀者來說，更是一個有助於自我轉變與突破、令人耳目一新的百寶箱，絕對值得一讀。

〈推薦序〉

你可以活得更自在、更輕鬆

NLP訓練師暨企管顧問　蔡明庭

如果你對NLP有興趣或覺得好奇，我的建議永遠是：「做就對了。」因爲NLP是要用做的，而不是用嘴巴說的。

這的確是一本NLP的書，也可歸類爲心理學或勵志書籍，但其中沒有一個專有名詞，是非常生活化的一本書。

在此，我想聊一聊我親炙作者之一理查．班德勒的經驗。

二○○三年三月，我帶著雀躍與朝聖的心情前往美國佛羅里達州的奧蘭多，準備上NLP創始者之一班德勒博士的課。

上課的第一天，便看到講台右後方有一部電子琴，還有許多音響設備，果然跟傳說中的差不多。在主持人介紹之下，拄著拐杖的班德勒伴隨重金屬音樂上台，開始帶來內容豐富的課程與滿室歡笑。

班德勒的課永遠那麼輕鬆，即使他剛歷經喪妻之痛。這個經驗讓我深感震撼：原來人有能力用幽默面對人生中的痛苦。

幽默，是我個人以爲最能代表NLP的字眼，而它幾乎貫穿這本書，例如：

「於是我離開一會兒，然後帶著電鋸回來，對他說：『好，這個只會痛一下子而已。』我問他覺得自己的手臂有幾公斤，接著打開電鋸開關。」這是書中的一小段內容，你以爲班德勒要做什麼？

事實上，面對人生，若不幽默以待，那你到底要什麼？要痛苦？要悲傷或憤怒嗎？

這本書的原文書名是「Choose Freedom」，亦即「選擇自由」，它想傳達的是：你有選擇的權力/能力，可以自行決定要過什麼樣的生活。假如現在過得不如意，你自己就可以改變，沒人能限制你；改變或不改變，都取決於你的自由選擇。

「活出自由」是常常聽到的字眼，但什麼是「自由」？許多人上過各式各樣的課，參加很多成長或支持團體，他們有變得更自由嗎？如果你正在看這本書，請停下來問問自己：「我有沒有變得更愉快、更好？我是否要遵守很多有形或無形的約束或規定？那些是我要的嗎？那些約束是否限制了我的能力？」

隨著年紀增長，我愈來愈覺得自由自在。這跟生活空間的大小無關，而是心靈的自由。這幾年，我大部分的時間都在高雄照顧雙親。每天晚上，我就躺在父親床邊照顧老人家，我的空間只有八十公分乘以二百公分大小，然而，這卻是我此生最自由的空間。心靈的自由讓我更有力量承擔現實的一切，相信你也做得到，而且會做得比我更好。

這本書透過簡單易懂的生活案例探討以下三個主題：

一、如何改變負面思維

二、如何改變限制性信念

三、如何創造自己想要的人生

全書的內容非常平實，且幾乎沒有贅字，更棒的是翻譯得非常好，文字十分流暢，我幾乎是一口氣讀完的。以近年來我的體力來說，這就像不可能的任務。我的建議是：第一次看的時候，可以將本書當作小說快速讀一遍，之後再慢慢地咀嚼、練習。若有興趣，推薦你進一步去閱讀班德勒博士的另一本著作：《自我轉變的驚人秘密》（方智出版）。

我誠摯地向你推薦這本書，而且請好奇地看、幽默地做、帶著好玩的心情享受，必有所得。套一句大家常常聽到的話：「信我者，必有所得；信我者，必快樂。」

若要問我有什麼可以跟大家分享的信念，以下是我的淺見：

你也許認爲世界上每天都發生許多奇蹟，然而，對於做得到的人來說，他不認爲是奇蹟；假如你認爲他所做到的一切是奇蹟，那只會限制住自己的能力！別人做得到，你也可以，請從閱讀此書的此刻開始。

另外一個要分享的信念則來自這本書：表現得好像你可以掌握自己的人生，裝久了就會弄假成眞，然後，你就能掌握自己的人生了。

這本書的特別之處在於，它很簡單，沒有專有名詞和高深的理論。它想要傳達給你的訊息是：你可以創造讓自己的生活變得更好的感覺，只要願意去試，就會改變。

現在，什麼是你人生中最重要的事？請試著回答自己。若你有了答案，再問問自己：接下來呢？二〇一二年十二月二十一日是傳說中的世界末日，也是農曆的冬至，當天我在帶NLP執行師的課，不免俗地請同學吃火鍋和湯圓。同學們說末日之前吃的是末日火鍋，末日之後則是重生火鍋。你認爲呢？那天你在做什麼？

這裡要跟大家分享的是：你擁有什麼樣的信念，就會擁有什麼樣的生命！

這幾年我最喜歡的電影是印度的《三個傻瓜》，影片中的主人翁蘭徹抱持著這樣的信念：「追求卓越，成功就會出其不意地出現在你身邊。」這與NLP的精髓是相通的！

請仔細閱讀本書，並將書中的概念應用到生活裡，那麼，你一定會擁有連自己也想像不到的收穫。

目錄

〈作者序〉
改變人生的簡單技巧

艾里西歐・羅伯堤、歐文・菲茲帕特里克

我們應該活在自由的社會裡，我們應該活在一個可以自己做選擇、過自己人生的世界。大家都說，我們是自己命運的主人。然而，這些都只是謊言。

事實上，許多人都被困住了。

只不過，原本身體上的奴役，現在變成了心靈上的奴役。

我們之中有太多人仍然活在恐懼與憂慮之中，仍然擺脫不了思想的枷鎖，因而無法過著我們原本可以過的生活。

但這本書帶來了一個好消息：你可以讓自己逃脫心靈的牢籠，獲得自由。

你需要的，只是學會如何去做。

首先，你必須了解自己是有選擇的，可以選擇你想要如何過自己的人生。

《NLP之父3天改變你的一生》這本書是關於喬的故事。在這個故事裡，你可以看到喬如何克服別人與他自己灌輸給他的負面想法，進而破除人生問題的枷鎖。

許多人會對喬的故事感同身受，而他從工作坊課程中學到的方法，我們都能加以應用，讓自己能夠過著想要的生活。喬所參加的工作坊，主講人是有「心靈成長界的愛因斯坦」之稱的理查．班德勒博士。

理查．班德勒博士與NLP的發展

一九七〇年代初期，班德勒與夥伴共同創立了NLP（Neuro-Linguistic Programming，神經語言程式學）。他研究當時成功治好最多人的治療師、研究他們實際上做了些什麼，因而找出讓人有效改變的方法。

傳統心理學總是把焦點放在人爲什麼會出現問題，ＮＬＰ則研究人應該如何改變，才能獲得自己想要的人生。

就是這個簡單的差異，加上其他原因，讓ＮＬＰ在全球各地掀起熱潮。學習過這套技術的人有數百萬，學員中不乏名人、奧運金牌選手，還有億萬富翁。

ＮＬＰ自從一九七〇年代出現以來，改變了很多，因爲班德勒是個很棒的改革者，從不停止改進他開創的這套技術。過去四十年來，ＮＬＰ出現了許多變化，相關技巧已經變得比以前更簡單、更快速，也更有效，而這本書會告訴你最新的內容。

我們都因ＮＬＰ而改寫自己的人生故事

我們兩個人（艾里西歐和歐文）一開始也被困在自己的心靈牢籠裡。

在學會改變生命、活出自己的夢想人生之前，我們也擺脫不了無助而充滿挫折的生活。

艾里西歐的困境是，周遭的人總是跟他說一些很負面的話，說他來自文盲家庭，所以只要能「勉強過活」就好，不必有什麼太遠大的理想。

歐文則相信沒人會喜歡他，也相信他不懂得怎麼與人交往，於是他陷入嚴重的憂鬱之中，自尊非常低落。

接觸了革命性的NLP技巧之後，我們兩人終於學會如何掌控自己的人生，改寫我們的人生故事。

艾里西歐現在擁有一家資產高達數百萬歐元的教育訓練顧問公司，幫助數以千計的人改變他們的事業與人生。他也出版了好幾本書，其中包括給醫學系學生使用的大學教科書。雖然他來自文盲家庭，卻成功創立了自己的出版社。現在這家出版社已經成爲義大利最成功的NLP與個人成長相關書籍出版公司。

歐文目前在愛爾蘭有自己的全國性電視節目。他還寫過好幾本暢銷書，並以NLP訓練師的身分到世界各地幫助許多人變得更有自信。他常常運用自己在心理學許多領域的專長——從「說服技巧」到「演講技巧」——提供諮商服務，此外，他也是愛爾蘭最大的NLP訓練公司的共同創辦人。

我們都爲自己的人生寫下一個完全不同的故事。

過去幾年來，我們將班德勒的方法應用在企業界與心理治療領域，成果相當驚人。我們已經幫助了來自四十多個國家的五萬多人改善他們的人生與事業。

在心理治療領域，歐文教人運用個人轉變的技巧，成功克服憂鬱症、恐慌症、焦慮、壓力等問題。

在企業界，艾里西歐的公司幫忙訓練Google、寶僑、亞曼尼、法拉利、BMW和飛利浦等公司的員工。

我們寫這本書的目的，是希望與更多人分享我們所學會的技巧，進而幫助大家獲得心靈上的自由。

這些技巧改變了我們兩個人的生命，我們希望其他人也能受惠。

這本書的特別之處

市面上關於ＮＬＰ的書已經有好幾百本，但沒有一本可以讓人一窺班德勒博士所帶領的工作坊的實際狀況。

這本書集結了班德勒博士的才華與智慧，以及我們獨特的觀察與體驗，我們希望把它變成一個「紙上工作坊」。

故事中的喬代表許多上過班德勒博士和我們的課的學員，書中內容則力求貼近學員的實際體驗。讀著喬在工作坊的經歷，你會彷彿身歷其境，在他轉變的同時，你也隨之改變；他能選擇自由，你也可以。

故事的開始

活出個人自由的三日工作坊

我們最大的限制，不是想要卻做不到，
而是從沒想過自己做得到。
我們可以選擇面對過去、打造更好的未來，
或者面對過去、限制自己的未來。

喬從餐桌上拿起傳單隨意瀏覽，注意到其中一段文字：

許多人在生命中遭遇困難、讓自己不快樂，是因爲他們思考的角度與想法讓自己得不到最美好的人生。

他又仔細地、慢慢地讀了一遍。「得到最美好的人生」……這不是每個人都想要的嗎？喬不相信「思考的角度」不同會有這麼大的影響，他知道自己的想法不太正面，然而他不相信思考方式可以解決自己的問題。不過可以肯定的是，他的人生若能出現正面轉變，他一定會很開心。但問題是，這樣的轉變要怎樣才會出現？

接下來，他又注意到另一個句子：

表現得好像你可以掌握自己的人生，你就能掌握自己的人生。

喬一邊思索這些句子的含意，一邊把傳單放回桌上，準備回房睡覺。他拖著疲累的身軀爬樓梯，上床之後，將頭靠在柔軟的枕頭上。他整天都在等待這一刻。然而，就算今天在辦公室裡忙來忙去，處理那些讓人喘不過氣的業務，讓他筋疲力竭，他還是無法入眠，反而盯著天花板，心裡充滿煩惱。醫生說，壓力是他出現睡眠障礙的原因，而喬並不懷疑。他躺在床上，面對斑駁的灰色天花板，心思又回到工作上，表情也不由自主扭曲了起來。喬是一家大公司的區域經理，但他討厭自己的工作，也不喜歡自己的老闆。老闆今天一如往常地把一堆工作丟在喬的桌上，然後跑去打高爾夫球。喬也聽說了公司內部可能重整的傳言。他翻過身，躺到自己習慣睡的那一側，閉上眼睛。

還有那場簡報。幾個星期後，喬必須對董事會報告公司面臨的挑戰。雖然這不是什麼特別困難的任務，但他最怕在眾人面前演講。

喬的生活並非一直是這樣，但現在，快樂似乎被留在很遙遠的過去，遠到他都快記不得了。他還記得很久以前，自己曾經很快樂，也很滿意自己的生活和所做的事，但最近，工作與錢的問題就像他擺脫不了的陰影。他退掉健身房的會員資格，體重上升，而且又開始抽菸了。幾個月前，他還試著重新開始運動，但現在有個大案子，讓他每天忙到晚上九點以後才能回家。他快受不了老是邊吃外賣披薩邊看電視的生活了。

現在練身體也沒什麼意義了，因爲喬的女友麗莎一個月前離開了他。她的新歡不是別人，正是她的私人健身教練，那個人壯到一隻手就能舉起麗莎。喬一開始很生氣，但現在已經變成傷心與困惑。他很想念麗莎，也覺得自尊受傷了，很後悔當初爲什麼花那麼多時間加班。

躺在床上蜷曲成球的喬覺得最慘的是，有一部分的他也覺得事情似乎注定會這樣。父親曾教他要學會接受人生。「兒子啊，要面對現實，別太強求，不值得爲了避免失敗弄成這樣。你想想看，世上有贏家、有輸家，還有我們其餘的人。如果一直嘗試，卻一直失敗，你就變成輸家；如果夠幸運，你就成爲贏家。」然而喬並未完全接受父親的這番話。某種程度上，他認爲自己可以成功，但人生就是沒有變成他想要的那樣。

「爲什麼我的運氣這麼差？」喬常常這樣問自己。妹妹瑪莉亞對他說，老是想著爲什麼並沒有意義。「一直追究爲何出現問題，不如專注於解決問題。在人生中，你尋求什麼就會找到什麼。也就是說，如果你把注意力放在問題上，那麼不論到哪裡，你找到的都是問題；假如你尋求的是解決辦法，你就會找到解決辦法。」

樓下傳來刺耳的電話鈴聲，將喬拉回現實。他抬起埋在枕頭裡的頭，爬下床、跑下樓，及時接起電話。他認得這個電話號碼，是瑪莉亞打來的。

「喂，瑪莉亞，我正好想到妳呢。」

「我最喜愛的哥哥，最近過得如何啊？」

喬笑了。瑪莉亞是世上唯一一個隨時都能讓他展現笑容的人。

「瑪莉亞，我是妳『唯一』的哥哥！」喬答道。

「我只是要提醒你，別忘了星期五的課……我給你的那張傳單還在嗎？」

「我一直懷疑妳是不是有特異功能，現在我確信妳一定有。我半小時前才看過那張傳單。」

「是嗎？那你覺得怎麼樣？」

「什麼怎麼樣？」喬接著妹妹的話問道。

「你報名了嗎？你當初答應我會去報名喔。」

「我答應了，就會守信用。況且我知道如果沒報名，會被妳唸很久！星期五我會去上課，但我要告訴妳，我之所以報名只是順著妳的要求，我對什麼個人自由的課程其實沒多大興趣。」

「哥，相信我，你會學到很多跟NLP，也就是神經語言程式學相關的東西，很有用。你知道那是什麼嗎？」

「我看得出來那玩意兒讓妳很興奮、很激動，雖然妳還沒跟我說清楚那到底是什麼。」幸好，喬低聲地說。

「這個嘛，ＮＬＰ基本上是一套方法，可以讓你更有效率地思考和溝通。我認爲，ＮＬＰ對於自我成長很有幫助。有些人說ＮＬＰ是『成功心理學』。」瑪莉亞以戲劇化的聲音說道。

「那妳把ＮＬＰ用在哪裡？爲什麼要學ＮＬＰ？」喬繼續問道。

「比方說，它可以幫助你擺脫負面的想法、感覺和行爲。ＮＬＰ提供了心理上與溝通上的策略，讓你變得更快樂、更成功。」

「好，我知道妳覺得ＮＬＰ可以幫我，但聽起來實在好到不像眞的。我的意思是，短短三天的課程根本不可能解決所有的問題。」

「當然沒辦法啊，傻瓜……ＮＬＰ不會馬上解決所有的問題，卻能帶你踏出第一步。三天的時間足夠讓你反思平常是怎麼思考的，然後就可以開始掌握自己的想法，最後掌控自己的人生。」

「但這不過是某人對我大談他的理論，怎麼可能幫助我改變呢？」

「你問到重點了。這不是理論，講者會透過他的經驗教你，然後帶你嘗試幾種NLP的技巧。你會因此了解NLP的運作原理，並且獲益良多。相信我，我已經上過這個課程了。不要再唉唉叫了！你如果不自己去嘗試，是無法了解的。」

「我跟妳說過我會去了啊！」

「好，那我最後再問你一個問題。你知不知道，爲什麼有些人活得很開心，有些人卻做不到？」

「因爲錢？運氣？還是好看的外表？」喬猜測道。

「都不是。就像媽以前常說的，錢不是快樂的關鍵，而運氣是自己決定的。至於好看的外表，就是基因決定的啦。拜託，你跟我是親兄妹耶！」

喬笑了，瑪莉亞總是有辦法鼓勵他。喬回想起母親還在的時候——她過世時，喬十八歲。她是個很慈祥的母親，總是對喬十分有信心，認為他能做到的，絕對不只他父親和老師說的那樣而已。因此母親過世之後，喬就對自己喪失信心。瑪莉亞明顯散發出母親那股正面能量，這個世界上是不是只剩瑪莉亞對喬有信心，相信他可以有一番作為？

「哥，你就嘗試看看，這三天不管聽到什麼建議，都跟著做，這樣你就會知道自己真的可以決定所發生的事。然後，如果你發現自己很享受NLP的課程，千萬別太驚訝。」

喬答應瑪莉亞會去試試看，兩人便互道晚安。他走向樓梯，知道自己現在大概不太可能睡著了。他晃到廚房，打開窗戶，點了一根菸。嘴裡吐出的煙圈往外飄，混入夜晚的冷空氣中。他看向窗外，又吸了一口菸。

喬覺得自己動彈不得，彷彿被困在目前的生活方式裡。他想起小時候曾經夢想過長大後的生活，如今卻完全不是那麼一回事。他抽了最後一口菸，在水槽弄熄菸蒂後，準備回臥室。他再次從餐桌上拿起那張傳單。

他看著那張以「個人自由的祕密——理查．班德勒博士的三日工作坊」爲標題的傳單，又注意到另一行字：

我們最大的限制，不是想要卻做不到，而是從沒想過自己做得到。

這句話是不是對他說的？帶著在腦子裡亂竄的這段文字，喬躺回床上，翻來覆去好幾個小時，就是睡不著。他忍不住想，去上課只是浪費時間，但又覺得有點好奇。就去試試看吧，喬。

然後，夢一般的畫面悄悄爬進喬的腦海——那些他已經看了好久的畫面。喬看到母親的臉，看到她湛藍的眼睛直視著他。母親一直對他很有信心。喬回望母親的臉，總覺得自己讓她失望了。他知道母親會希望自己去試試看，於是，他決定給這件事一個機會，爲了母親、爲了瑪莉亞，也爲了自己。這個課程真的可以幫助他嗎？是該努力改變些什麼了。他腦中的畫面有所變化，母親的臉不一樣了——雖然她的嘴唇沒動，但眼神彷彿在微笑。

喬翻過身。這一次，他沒幾分鐘就睡著了。

第一天

如何改變負面思維

許多人都碰過不好的事，
但他們不是慶幸壞事現在並未發生，
而是在腦袋裡一再複習發生過的壞事，
等於讓「過去」毀了「現在」。
我們可以選擇利用過去打造更好的未來，
或者利用過去限制自己的未來。

星期五，喬來到上課地點，向一名男性工作人員報到。那個人穿得很體面，名牌上清楚寫著「訓練師」三個字。他帶著溫暖的微笑招呼喬，然後在名單上找到喬的名字。他注意到喬的姓，說道：「你應該是瑪莉亞的哥哥吧？很高興認識你，我叫艾倫。」

兩人握手致意。

「課程中如果有任何需要，儘管找我就對了。」

喬拿著艾倫給的名牌和手冊，走進會場。會場盡頭有個舞台，一排排的座位面向舞台。喬選擇中間靠右的位子坐下。會場裡播放著流行音樂，音樂中混雜著學員們嘰嘰喳喳的交談聲。喬困惑地環顧四周，因爲會場裡滿滿都是人——大概有五百個人在這裡。雖然喬心中充滿懷疑，但似乎有很多人對這門課感興趣。我在這裡做什麼？他心想。一點意義都沒有，還浪費我三天時間。

他轉頭看見一個女人對他露齒微笑。她在喬旁邊坐下，伸手對他說：

「嗨，我叫安娜，可以叫我安就好。」

喬將身體坐正，表現出有禮的樣子。「嗨，我叫喬，可以叫我喬就好。」他覺得這樣說似乎不太好笑，便有些尷尬地笑著。

「很高興認識你，喬。我是個心理治療師，這是我第一次參加，我等不及要見班德勒博士了。聽說他很有意思，不過也滿有爭議性就是了。」

喬微笑以對，但還是感到不太自在，便把臉轉向舞台。安娜繼續說話，這次模仿起德國口音：「**Ya, Guten Tag.**（譯注：德文，意為「是，下午好」。）我學的是佛洛伊德心理療法，專長是心理分析，幫人找出問題的根源。但是不要擔心，我不會分析你心裡在想什麼的。」安娜自覺口音學得不像，便笑了起來。她的五官很立體，烏黑閃亮的頭髮紮在腦後，臉上的墨鏡和身上的灰色洋裝搭配起來很好看。喬仍保持禮貌性的微笑。

安娜繼續談自己的工作，這時喬發現他與一位有著棕色長髮的女子四目相對。她就在會場的另一邊，兩人一對上眼，她就轉過身。

喬無法移開視線，他被那個女人吸引住了。她身穿一襲及膝的夏日洋裝，打扮風格很獨特，帶著充滿自信的神情對身旁的兩人微笑，那兩人也回以笑容。她和我太不一樣了，喬立刻這樣想道。他下意識地縮小腹，挺直身子。棕髮女子和喬坐在同一排，相距約十個座位。她的皮膚很白，但有著鮮紅的嘴唇，以及明亮的綠眼珠，那雙眼睛彷彿指引船隻脫離危險的燈塔。喬移開視線後，安娜還在說話。

背景音樂變得更大聲了，機車呼嘯而過的特效音宣告〈天生狂野〉（*Born to Be Wild*）這首歌的開始。燈光亮起來，眾人的注意力被拉到舞台上。課程就要開始了，喬讓自己放鬆。就試試看吧，也許妹妹說得對？

傳單上的那個男人走上台，接受眾人的熱烈掌聲。喬首先注意到他的沉著冷靜，以及令人印象深刻的自信。他穿著體面的西裝，潔淨的白襯衫上打了顯眼的領帶。幾秒鐘之後，音樂停止了，男人開口對台下安靜的聽眾說話，聲音很低沉、很溫暖。所以這個男的就是班德勒……喬很想知道這個人是不是真材實料。

感受自己真正想要什麼

大家早，我今天要從「個人自由」談起。這要說到四十年前，那時我想幫助他人改變。然而，即使我找到很多教人怎麼發現自身問題的書，卻找不到任何一本書裡面有實際可行的方法，讓我們知道該怎麼改變。於是，我便開始研究如何幫助人們獲得自由。我這輩子所做的事都跟這個有關：個人自由。

喬告訴自己要百分之百專心聽完這堂課。

所謂的「個人自由」，就是感受自己到底想要什麼的能力，這樣你才能消除恐懼、悲傷與仇恨的枷鎖。組成這些枷鎖的，就是負面感覺、限制性信念，以及破壞性行爲。

那時我開始研究維吉尼亞．薩提爾，她是當時非常成功的治療師，技術高超，且很有毅力。她會緊追著病人的問題，在幫助對方改變之前絕不罷休。我花了很多時間研究她的治療經驗與方法，不久之後還跟著她去精神病院。因爲我就在薩提爾身旁，人們以爲我也是合格的心理治療師，便隨我想做什麼就做什麼。你們知道嗎？在那樣的醫院你會遇到一些眞的很怪的人，而且我說的不是病人！有一次我在西雅圖開課，上課時問了一個問題：「大家知不知道精神科醫師和精神病患者之間的差別在哪裡？」有個人大聲回答，我很欣賞她的答案。她說：「我知道！精神病患者有機會康復，然後出院回家！」

喬咯咯地笑了起來，對於自己竟然很喜歡班德勒博士的幽默感，覺得很意外。他可以感受到身旁的安娜有些坐立難安。

拿心理分析來說，這本身就很莫名其妙，說什麼你的問題根源是對自己父親或母親的迷戀。拜託，眞是夠了。

喬試著忍住笑意，轉頭看向安娜。她脹紅了臉，不安地玩弄自己的手。

人們常問我，心理學和心理分析領域是不是一直在抵制我；事實上，我遇到的阻力可說微乎其微。大部分的心理學家和心理治療師都很樂於學習更有用的療法，來幫助病患改變。他們都是因傳統心理學的標準模式而備受挫折的好人。某些治療師已經開始改變自己多年來的治療方式，因爲他們發現我教的方法更有用。

幾年前，他們還認爲一個人的問題一定源自過去。但我認爲，人們之所以會出現問題，只是因爲他們在出生、成長的過程中學到某些思考模式。

很多人覺得自己被過去困住了，但他們其實不是眞的被困住，而是養成了習慣，不斷去感受那些不好的感覺。

許多人都碰過不好的事，但他們不是慶幸壞事現在並未發生，而是在腦袋裡一再複習發生過的壞事，等於讓「過去」毀了「現在」。

我們可以選擇利用過去打造更好的未來，或者利用過去限制自己的未來。

這就是我一直在做的事：我教人如何在回顧過去時，從過去中學習，但不因過去而痛苦。

喬思考了一下。他了解這段話的意思，但是要如何做到呢？

我和薩提爾一起去醫院時，受託幫助查理。查理罹患精神分裂症，認爲有惡魔在跟他說話。他對精神科醫師和護士說，惡魔來找他，還說了他們的壞話。查理的家人對他的病情深感煩惱，他們聽說我的治療方式不太一樣，便拜託我幫幫查理。

大家都說查理瘋了，但我認爲，和我一起長大的許多人比他還瘋。其實，這只不過是每個人的思考方式不同，有些方式很管用，有些卻毫無幫助。我在這裡就是要教你們運用一種比較有用的思考方法，讓自己更快樂、更自由。

隨著班德勒博士在台上走來走去，喬也忍不住深深地被他對這個題目的熱情所吸引。班德勒的手勢和語調拉近了與聽眾之間的距離，在台上遊走的模樣也散發出權威和魅力。他顯然眞的很懂自己正在談論的主題。

這種沒有幫助的思考方式會帶來許多問題，並以各種不同的形式出現，從精神分裂到憂鬱症，以及各種不利於自己的可笑行爲。

在我看來，之所以有人會把自己的人生弄得比原來更糟，是因爲他們被「人生即苦難」這種信念的枷鎖束縛住了。

他們忘了，生命的重點不是在回憶或重溫不愉快的過去，而是應該往前走，將人生看作一場冒險。

他們應該問自己更多具有挑戰性的問題，例如：「我要怎麼讓自己開心？如何把事情變簡單一點？怎麼讓這件事變有趣？」

不過，今天我們將更進一步。我們會教你一些技巧，讓你不需要任何理由就覺得很開心。如此一來，以後你眞的有了開心的理由，就會感到更開心。這就是我過去四十年來研究成果的基礎。

喬開始思考自己過去和現在的感覺。

個人自由也包括能夠展現良好的內在狀態，並將自己想要的事物化爲現實。有了自由，你就可以找到愛、成功、音樂和藝術等事物。

想要得到這些東西，不必擁有百萬財產。

有些人以爲，只要擁有一輛好車、一棟好房子或一艘漂亮的船，所有問題就會自動消失。其實不見得。人們應該好好想一想，到底什麼東西才能眞正讓自己快樂。

重點在於放下問題，多想想解決方案；重點在於讓自己大部分的時間都感覺美好；重點在於善用技巧優雅地處理自己所面臨的困境，以及碰上的那些不好相處的人。其實，你比你想像的更能掌控自己的人生。

喬對這種說法嗤之以鼻。可以掌控自己的人生聽起來當然很不錯，但我才不相信有這麼簡單。有時候，我們無法控制的意外就是會發生。心裡雖然這麼想，喬還是想繼續聽。班德勒接著說下去。

如何駕馭自己的想法？

如何駕馭自己的想法？首先，因爲我們運用大腦的方式不對，反而將自己束縛住了。我們經由五官來得到外界的訊息，因而有了五種呈現資訊的內在方法。我們藉由製造畫面、對自己說話、體驗不同的感受、味覺和嗅覺來認識這個世界。我們內在呈現世界的方法決定了我們的感受與作爲，反映出我們下意識的、習慣性的思考模式。

無論何時，我們對於這個世界的看法與詮譯都會影響自己的感受與心理狀態。如果要更有效率地思考、行動並解決問題，就必須學會改變自己原本習慣的思考模式。

喬將身體往前傾，凝神傾聽。

舉例來說，如果我問你的車停在什麼地方或車站在哪裡，你就會在心裡創造或記起相對應的路線圖；如果我問你昨天做了什麼，你之所以會知道，是因爲你以圖像的形式記得那件事。這些圖像或畫面是無意識的，我們都會在心裡創造這些圖像，卻從來沒有注意到自己在這樣做。所以這裡的訣竅在於，要先意識到這些圖像，才能有所改變。

我們的想法都是由畫面、聲音及感覺所組成。一旦了解我們如何形成自己的想法，就有能力改變它們。我們的感覺和行爲主要是由思考方式決定的，只要學會不同的思考方法，就能獲得更有效的結果。

例如，去想一位讓你很不舒服或很不愉快的人，在心裡形成一個畫面。現在注意這畫面的各項特質，注意它的大小、位置，是黑白或彩色的。

喬試著照做。他的腦海浮現老闆的臉，看見老闆把頭探進辦公室，要求他在週末之前完成一份報告——老闆因爲要外出，便要喬接手。他想著自己跟老闆爭論，想著自己沒有能力做那份報告，而要求他在這麼短的期限內完成也很不公平。他想著老闆如何狡猾地笑著要他「趕快做」。

接下來，當你想著那個令你很不舒服或很不愉快的人時，請這樣做：仔細看著腦海中的畫面，如果是彩色的，就把它變黑白，並且把畫面縮到很小，然後把它移到遠方。注意自己現在的感覺。

班德勒胸有成竹地笑著，好像已經知道答案了。他指著前排的一位男士。

這位先生，你試過了嗎？我希望在場的各位都確實做這項練習。告訴你們一個祕密。

他小聲地對聽眾說：

如果你不去做，它是不會發揮作用的。

喬跟眾人一起笑了。

這項練習只花你幾秒鐘，卻能眞正改變你的感覺。

喬專注地照著班德勒的話去做。他把腦海中那個老闆在笑的畫面變成黑白的，然後將畫面縮到像一塊拼圖那麼小，最後把它盡可能移到很遠很遠的地方。喬覺得很驚訝，因爲他突然發現剛才那些負面的感覺沒那麼糟了，只剩下一點點不舒服的感受。如果之前有人跟他說這個方法很有用，他一定不相信。「眞神奇。」喬自言自語道。

最不可思議的是，你心中那些畫面的特質可以輕易被改變，因而影響你對那些畫面的感覺。你也可以想像自己喜歡的事物，然後把畫面變得更大、更亮、更近，你的感覺就會變得更強烈。

喬決定也嘗試一下這項練習。他想起有一次他去看一場很重要的美式足球賽，其中一方是他最喜歡的隊伍，而且那支隊伍贏了。那一晚彷彿充滿了魔力，他還記得那感覺有多棒，也記得球迷和體育場的畫面。突然間，喬覺得很開心。他把心中這個畫面放大、變亮，變得更鮮豔，也更生動。他可以感受到內心的喜悅不斷增長，一抹微笑在他的臉上綻放。

每當你想到某件事物時，內心就會出現它的畫面，或是像放映電影般播放它的相關影像。就算你不想，也沒辦法不這樣做，因爲大腦就是如此運作的！因此，如果你記得某個親身經驗，你可能會把那個體驗想像成一部電影——不是看到自己置身電影之中，就是從自己的視角去看那部電影。那些畫面或電影會影響你的感覺，這就是人之所以會有好感受或壞感受的原因。其實，人的感覺往往取決於自己所想的事，以及在自己腦海裡播放的「電影」。

這裡的祕訣在於，把讓你感覺不好的畫面縮小、變成黑白的，然後將它們移到遠方、丟掉。接著再把讓你覺得愉快的畫面放大、變亮，也變得更生動。當你這樣做的時候，就是在訓練大腦強化美好的感覺，並減弱不好的感受。

聽完班德勒對於個中道理的解釋，喬覺得彷彿被當頭棒喝。這實在是一項大發現，喬想著這個方法對他的人生會有多少影響。這樣的技巧真的能改變他對一切事物的感受嗎？

他心裡傳來一個批判的聲音——這個聲音總是等著摧毀他的希望，此外，人在想到負面的事或覺得悲觀時，也會聽到這種聲音。別傻了，你該不會信以為真吧？事情哪有這麼簡單？改變是很困難的。喬搖搖頭。他心裡的聲音說得對，哪有這麼好的事？接下來是什麼？

好，休息時間到了。我想要向大家介紹整個團隊的訓練師，接下來的幾天，我們的訓練師會協助各位練習。

請所有的訓練師起立並舉個手，好嗎？

班德勒簡單地介紹一下每位訓練師。他介紹的最後一位，就是喬在報到處見過的人。

> 這位是艾倫，他和我一起工作很多年了，是這裡最好的訓練師之一。如果你有任何練習上的問題，可以問他。現在大家去喝杯咖啡吧！

休息時間裡，喬仍然待在座位上，不想去認識別人，也不想閒聊。他拿起座位上的手冊假裝在閱讀，然後用眼角餘光瞄著那個棕髮女子。休息時間一到，安娜立刻離開座位。喬猜想，安娜自己也不知道該怎麼消化剛剛聽到的內容。班德勒的方法是不是和她的看法互相牴觸了？

喬在座位上轉頭尋找棕髮女子，最後終於看到她在會場後方。有兩位男士圍在她身旁，但棕髮女子好像沒注意到他們熱烈的追求，只是對他們熱切的談話報以禮貌的微笑。看到這情形，喬搖搖頭，心想，這些沒用的傢伙，他們以為自己是誰？以為這樣就能吸引她的注意嗎？喬試著說服自己那兩個人的行爲很愚蠢，但老實說，他還眞希望自己也能鼓起勇氣去找她說話。

「你要過去跟她說話嗎？」一個熟悉的聲音從喬的身後傳來，他轉頭一看，原來是之前遇到的訓練師艾倫。艾倫向棕髮女子點頭示意，喬臉紅了。「不，現在不要。」

「爲什麼不要？」艾倫的語氣不像責怪，而是友善的詢問。

「我會去跟她說話。待會兒……可能吧。如果我想去就會去。」

「所以你現在不想去嗎？」艾倫笑著問。

「是……不是。我的意思是，我想去，但我不會去。我……我有點不好意思，而且太緊張了。假如我過去找她，只會讓自己出糗。」

「你看大家不就是在做這件事嗎？」艾倫指著棕髮女子的方向說。

喬轉頭看，發現站在她左邊的男人活像隻猩猩一樣地跳來跳去，想要逗她笑。她的確笑了，不過是出於禮貌。

「是啊，但我不知道該說什麼。我不是很擅長跟女生相處。」喬答道。

「給你一個觀念。我認識許多人都不喜歡自己，然後又納悶別人爲什麼不喜歡跟他們相處。要別人喜歡你，就必須先學會喜歡自己；一旦可以做到喜歡自己，接下來就是去考量你給別人的感受。我們常常執著於讓別人留下好印象，讓別人覺得我們很厲害，但其實你應該把注意力放在自己的感覺，以及你給別人的感受。要從自己開始，如果你感覺美好，別人也許就會想要多和你相處。事情就是這麼簡單。」

喬把這一點記下來。下次跟喜歡的人說話時，他會嘗試看看，畢竟這個方法聽起來好像真的有用。

「你覺得過去找她會發生什麼事？」艾倫仔細端詳喬的臉，等著他回答。

「我想她大概只會瞪著我，覺得我是不是有毛病，場面於是變得很尷尬，然後一直到課程結束，她都會找藉口避開我。」

「哇，太神奇了。你不但可以預知未來，還會讀心術？實在太厲害了。」艾倫取笑道，孩子氣的臉龐綻放出大大的笑容。

喬也笑著回道：「對啊，如果我找不到話題好講，她一定會這麼做。」

「當你想到她瞪著你、懷疑你是不是有毛病的時候，你是怎麼做的？」艾倫問。

「我不太懂你的意思。」喬皺著眉說。

「基本上，你就是在心裡播放一部電影，上演她拒絕你的情節，對不對？」

喬點點頭。

「我猜，這部電影的畫面很大、很鮮豔，也很亮，對嗎？」艾倫說。

喬再次點頭。

「好，如果你用班德勒剛才教你的方法，將電影縮小、變成黑白的，再移到遠處，結果會怎麼樣？假如你接下來在心中播放另一部電影，想像自己走向她，開始跟她說話，讓她開懷大笑、十分愉快，並將這部電影的畫面想像得非常清晰且栩栩如生，畫面尺寸則放大到眞人大小，結果又是如何？」

喬在腦海中想像這個新畫面。有一瞬間，他對於和她說話這件事感到很興奮，也很有信心。當喬看向那個棕髮女子時，他敢發誓，她跟他對看了幾秒，還對著他微笑。然而回歸現實，喬對艾倫說：「想歸想，但現實又是另外一回事。」他內心那個批判的聲音大聲說道：哪有這麼好的事？事情怎麼可能如此簡單？

艾倫靜靜地看著喬一會兒，然後說道：「也許現實不是你想的那樣，也許你所想的都能成眞。」此時衆人開始回到座位上，艾倫講完這句話之後，也走回會場後方。

班德勒博士回到台上繼續演講。

在上個月的工作坊裡，有位年輕的女性來找我。她對我說，二○○五年七月七日倫敦發生公車連環爆炸案時，她正好在其中一班公車上。那次的事件讓整個倫敦癱瘓了，因爲地下鐵和公車都成爲恐怖攻擊的目標。

可怕的恐怖攻擊行動讓大家都很害怕，但受到最大影響的，是經歷爆炸事件的當事人，以及他們深愛的人。這位年輕女性站在我面前，當她在講述自己如何搭上那班遭到攻擊的公車時，緊張地絞扭著雙手、不停踱步。

她告訴我，她雖然從爆炸事件中存活下來，但現在還是很害怕，無法擺脫陰影。看到每個背著背包的人、每個包裹、每個手提包，她都覺得是炸彈。看見那些東西，就會讓她想到當時的惡夢。

她覺得自己一定很快就會死。她說她沒辦法計畫任何事，沒辦法繼續過正常的生活。如同大多數無法擺脫陰影的受害者一樣，她一直深陷其中，因此必須學會如何重獲自由。

她後面還有好多人排隊等著問問題，而且因爲課程才進行到一半，我實在沒什麼時間。我想要提供某樣對她有幫助的東西，以改善她對那個經驗的感覺，就算只改善一點點都好。

我問她一個我已經知道答案的問題，並提供一些指示。那些指示表面上聽起來很蠢，卻能打破將我們囚禁於過去事件之中的枷鎖。

我問她，想起那件事情時，回憶的畫面是不是跟實物一樣大？她說是——實際上，她的回答是：「比實物還要大。」

突然間，她開始哭泣，並且渾身發抖。常常有人對她這樣的受害者說，必須先重溫當時的夢魘，然後才能擺脫。但她正是最好的反例。這些年來，她不停重溫那個惡夢，情況卻是愈來愈糟。我知道該是展現幽默的時候了。

我問她：「妳怕不怕搭地鐵、公車或飛機？」

她對我點點頭，仍然在顫抖。我告訴她，遭遇恐怖攻擊的機率很低，碰上兩次的可能性更是低到不可思議。然後我又說，我要聘請她擔任保鏢，在我搭飛機和計程車時坐在我旁邊，以保障我的安全。

她笑了。我就是要讓她開心，這樣她才能專心做我教她的練習，而不是一直沉浸在恐懼的感覺之中。人們在面對經歷過創傷的人時，往往不敢開玩笑，但事實上，讓他們嘲笑自己的問題，才能幫助他們學會從不同的角度看待事情。

於是，我們準備開始了。

她主要的問題有兩個：她不停地想像攻擊事件再度發生的狀況，而且那部內心電影的畫面比實物還大。我需要做的，就是幫助她改變這兩件事。

我請她做一件跟以前不太一樣的事。

「我知道那段可怕的記憶一直讓妳很害怕，但我想幫妳把那段記憶放回它應該在的地方，也就是過去。妳回想一下，爆炸發生之後妳人在哪裡？也許是事件發生後的幾小時，當妳意識到自己已經平安無事地活下來的時候，那時妳人在哪裡？」

她閉上眼睛，回想當時的情景，並且點點頭。

我繼續說道：「現在我要妳這樣做：想像妳進入那段記憶之中，並且以倒帶的方式想像整個過程。

「我要妳將那段記憶倒帶，於是，妳會看到所有的人都倒退著走，巴士也被吸回去，重組回爆炸前的狀態，並且往後行駛。也就是說，妳是以倒帶的方式觀看這部內心電影，一直倒轉到妳上公車之前。」

她學會怎麼做之後，我又請她多做了幾次。當她按照我的指示練習時，我在一旁哼著馬戲團的音樂。她咯咯地笑了。我說過，讓她發笑是非常重要的一件事。我問她：「妳做完了嗎？」

她點點頭。我之所以要她將回憶倒帶，是因爲她太習慣想像未來會再度發生同樣的事。我要她開始把那段記憶留在過去，而藉由倒轉回憶，她的大腦會用完全不同的角度來思考整件事情。

「現在我要妳把那段悲慘記憶的畫面縮小，縮到跟手機的螢幕一樣小。」我伸出雙手，在離她一公尺遠的地方比畫著，「大概只有這麼大。」

「請看著那個手機螢幕大小的畫面，然後在上面從頭播放那件事，但畫面要小、要放到遠處。」

她認眞地按照我的指示去做。

「最後，我要妳想像自己在一輛公車上，看著那些背背包、帶手提包的人拿出書和筆來看書。」

她一邊想像這樣的場景，一邊微笑。她的笑容別具意義。

然後，我要她回想爆炸發生時的可怕畫面。接下來的幾分鐘，她按照指示所做的，正是她多年來極力避免、也極度恐懼的事。

只見她搖搖頭說：「感覺不一樣了。」

我請她看著那些背背包的陌生人，看著地鐵車廂裡的包裹。她再次搖頭，聳聳肩對我說：「那件事沒那麼困擾我了。」

她並不是將那個事件從腦海中刪除，那段可怕的回憶永遠會是她過去的一部分，我只是讓過去的記憶不再影響現在的她。我教會她改變過去記憶的**呈現方式**，她因此得以減輕回想起那段記憶時的恐懼感，也就比較容易加以克服。她之後還需要多加練習，而每次她練習的時候，都能再克服一些恐懼感。也就是說，她已經學會如何擺脫那段可怕的記憶，重獲自由。

所謂的悲劇，不過是存在內心的可怕回憶。回憶只是過去某段經驗的呈現，改變了那段經驗的呈現方式，也就改變了你對它的感覺。現在該你們練習了。

喬很難相信那名女性如此輕易地克服了可怕的心理創傷。不過，班德勒的話滿有道理，讓她害怕的，正是對那次恐怖事件的記憶。而喬也贊同，如果能改變回憶，對回憶的感覺也會不一樣。但是，真的會有這麼大的轉變嗎？而且這麼快就改變？

班德勒說，現在換現場學員練習了。每個人都要找一位夥伴，並且回想過去一段不愉快的體驗。這項練習要學員彼此幫助，把回憶的畫面投射在自己內心的螢幕上，然後邊將回憶倒帶播放，邊哼著馬戲團的音樂。接著，當事人要看著那段體驗中的自己，但現在那體驗有著不一樣的結局。喬不知道自己有沒有辦法做這項練習，考慮著要不要先離開會場，等練習結束之後再回來。但他又想了一下，既然都來了，至少要完成第一天的所有練習。這時，一位頂上微禿的中年男人從身後輕拍喬的肩膀。

「嗨，我叫羅斯。」他揚起眉毛，等待喬的回應。

「我叫喬。」

「喬，你找到練習夥伴了嗎？」

「現在找到了，」喬笑著說，「但我不是很確定我們到底要做什麼。」

「沒關係，我是經過認證的『NLP執行師』，會幫助你完成練習。我以前就認識班德勒。」

喬最近一直聽到「執行師」這個詞，瑪莉亞老是把「執行師」「高階執行師」「訓練師」和「高階訓練師」掛在嘴邊。這些字眼讓喬覺得自己彷彿置身《星際大戰：絕地大反攻》的場景之中——練習的內容該不會包括教人怎麼使用光劍吧？

「你相信班德勒剛才說的故事嗎？就是那個備受恐怖攻擊回憶之苦的女人。那應該要花很多時間才能克服吧？十分鐘實在太快了。」

「我知道聽起來令人難以置信，我以前也很懷疑，但我看過班德勒成功創造奇蹟，幫助了許多人。在工作坊的課程裡，他教我們運用同樣的技巧幫助學員克服恐懼。這個方法真的有效，我看過許多心理治療師和精神科醫師以同樣的方式治療恐懼症。」

喬勉強接受協助，讓羅斯引導自己回想他希望改善的過去記憶。他立刻想到麗莎，想到他們分手的事，以及那個有六塊肌的傢伙。這一切依然讓他的胃隱隱作痛。

「好，現在請你回想一件讓你覺得很不愉快的事情，並且用倒轉的方式播放這部『電影』。讓整個場景的畫面和聲音都倒著播放，你的感覺也倒帶，一直回到事情發生之前。」

喬開始回想和麗莎分手的事，並以倒帶的方式播放這段回憶。一開始，他看到麗莎和那傢伙在一起，畫面中的兩人正在做喬喜歡做的事，看起來很登對。然後，他看見導致自己和麗莎分手的爭吵不休、摔門與沉默，看見他們之間的不愉快。接著，他回到兩人剛開始交往、還很親密的時候。把分手這件事倒帶播放讓喬覺得很好笑，反覆做了幾次之後，他發現自己對這段回憶的感覺竟然不一樣了。

當然，這並未眞正改變什麼，麗莎離開他的事實依然不變。然而，他的胃似乎沒那麼痛了。接下來，換喬幫助羅斯練習，而羅斯也得到類似的結果。

羅斯開始解釋這個方法的細節與原理，喬聽得很仔細。「呈現回憶的方式會影響你對該記憶的感覺。因此，只要改變呈現方式，你的感受就會不一樣。」

喬似乎被說服了。羅斯繼續說：「這個方法對我的幫助眞的很大。我是某家公司的業務代表，上個會計年度也很榮幸地成爲公司的最佳業代。我時常必須在一大群人面前進行產品簡報，但有時候就是會想起做簡報的負面回憶。在這種時刻，我會把心中的負面記憶畫面或電影縮小、倒帶。

眞的很有用。此外，我也發現能量方塊（Brilliance Squared）的效果很神奇……」

「能量什麼？」喬插嘴問道。

「不好意思，忘記跟你說了，我現在就解釋給你聽，這是很棒的技巧。」羅斯笑著說。

能量方塊

「基本上，『能量方塊』是一種很簡單的技巧，可以幫助你創造任何想要的感覺，而且立即見效。」

「是喔……」喬揚起一邊的眉毛回道。他懷疑地看著羅斯。

「眞的，這個方法很有效，祕訣就在於想像你處在自己想要的心理狀態之中。你看見自己站在眼前一個想像出來的方塊裡，然後，請你給這個方塊一個顏色。來，我帶著你試一次。」

羅斯要喬站起來，閉上眼睛，想像前面有個帶著顏色的方塊。

「請想像這個方塊充滿了你認爲代表『自信』的顏色。現在，想像自己站在方塊裡，滿懷自信，看起來很強壯，對自己很有把握，覺得充滿力量。請留意你的模樣，例如臉部表情、身體姿勢、呼吸方式、眼睛裡的光彩，以及優雅又從容的一舉一動。」

喬看見了前面的方塊，是紅色的。當他建構出這個畫面、看到眼前的方塊時，立刻就知道自己感覺起來與看起來是什麼模樣。他看見很高、很強壯的自己，腰桿挺得筆直，雙腳穩穩地踏在地面上，自信而積極。方塊在喬的眼前散發出強烈的紅色光芒。

「好，現在我要你數到三，想像自己走進方塊裡，進入這個想像出來的自己之中……就像穿上新衣服一樣。我要你進入這個自信又充滿力量的自己，用新的眼睛看世界，用新的耳朵聽聲音，用新的感官去感受。準備好了嗎？一、二、三，走進去！留意自己的感覺，並且感受這個顏色流遍你身體的每一個部位，感受到全身都充滿強大的自信與力量。就是這樣。」

喬走了進去，然後立刻感受到方塊給了他一種新的自信。來自方塊的力量灌注到他身體的每一個部位。

幾秒鐘之後，羅斯又說：「現在我要你走出方塊，並張開眼睛。」

羅斯帶著喬連續練習了五次。最後，喬停止這個想像練習、睜開眼睛，回到現實的工作坊會場中。「哇！」他讚歎道。

羅斯露出微笑。「你覺得那樣很酷？等你試過這個再說吧。」羅斯的語氣很興奮。「好，現在把眼睛閉起來，想像那個有顏色的方塊，然後走進去。注意自己的感覺，我不會再多說什麼了。」

喬閉上眼睛，想像眼前真的有個方塊，然後走進去。他馬上感受到內心湧入自信，覺得自己好像要飛起來了。他再次退了出來，然後睜開眼睛說道：「哇！這實在是——」

「很神奇的能量對不對？」羅斯笑著幫喬把話說完。「這就是『能量方塊』名稱的由來。」

喬這次沒有聽到內心的批判聲，彷彿是因爲他開始體驗到那個負面的聲音無法解釋的事物。他向羅斯道謝，然後兩人就回到座位上。

到了中午用餐時間，安娜邀喬一起吃飯。他本來想拒絕，卻又有些好奇安娜如何回應班德勒對心理分析療法的評論。喬四處張望，尋找棕髮女子的身影，發現她跟著「大猩猩」和他的朋友走了。爲了緩和安娜的分析可能帶來的衝擊，喬邀請羅斯一起用餐。

他們走在街上時，安娜的反應並沒有喬想的那麼充滿防衛性。「嗯，今天早上的課程內容和我原本想的不太一樣。」安娜說。

「班德勒只是在開玩笑。」喬想要緩和氣氛，「我的意思是，他可能只是想嚇嚇大家、吸引我們的注意力，並不是眞的那樣認爲。」

安娜點點頭。「我知道他在說什麼，也明白他只是想讓大家了解一直重溫不好的體驗不見得是好事。但我總相信，只要能找出問題根源，就可以解決問題。」

羅斯聽了安娜的意見，變得有些激動，插嘴道：「班德勒說過，問題的根源不在於發生了什麼事，而在於我們呈現這件事的方式。如果可以改變腦中的想法，就能改變感受。一直想著不好的回憶，並不會讓你感覺好一點。」

安娜試圖反駁：「但如果壓抑症狀，問題就會從別的地方冒出來。」

羅斯回道：「對，但誰說冒出來的一定是不好的東西？」

喬不想繼續聽他們辯論，便將思緒轉向班德勒早上演講的內容。此時的喬只想獨自消化自己剛學到的東西，思考一下這對他的人生會有什麼影響。最後，三個人終於坐下來吃午餐，而喬把三明治塞進嘴裡之後，便藉故離開，一個人散步去了。

回會場的時候，喬走了另一條路，途中在一家位於轉角的商店停下來，買了一包菸。他必須緩和一下被那個棕髮女子引發的緊張感。早上吸收了太多資訊，讓他覺得暈頭轉向。他點了菸，深深地吸了一口，卻立刻對於自己如此依賴香菸深感後悔，也後悔讓菸傷害了自己的健康與身材。他現在是個渾身菸臭味的胖男人。那個批判的聲音又占領了他的腦海。

回到會場的時候，喬注意到有些人坐的位子和之前不一樣。於是，他移到比較靠近棕髮女子的位子，至少讓自己跟羅斯和安娜保持一點距離。只是，他們倆吃完午餐回來後，便坐在喬的兩邊，左右夾攻。喬嘆了一口氣，心想，接下來會是個漫長的下午。

改變自我對話的方式

班德勒再次以充滿自信的語調展開下午的課程。會場裡迴盪著他的聲音，喬也愈來愈放鬆了。

歡迎回來！早上我已經教很多人如何更有效地跟別人溝通，不過，更加重要的其實是學會更有效地跟自己溝通。我們每天都會自我對話，但如果四十年前你承認會對自己說話，別人肯定認為你瘋了。假如那時你告訴精神科醫師說你會對著自己說話，他一定心想：「嗯，這個人自己跟自己說話，肯定是瘋了！」

班德勒演講的動作很優雅，又拿捏得恰到好處。他的語氣很有權威，卻又顯得誠懇。

會影響感覺的，不只是我們想像出來的畫面或「電影」，還包括自我對話的方式。

多數人都知道，對自己說些不好的事，可能會讓自己感覺很糟。但大家不知道的是，不只講話的**內容**會有影響，講話的**方式**也會。例如，你責備自己時的聲音，很可能和誇讚自己的時候不一樣。對自己說話時，會影響你心情的，往往是聲調。

有些人會用很糟糕的方式對自己說話，卻想不透自己爲什麼不喜歡自己。你們必須學會改變自我對話的方式。

內心那個批判的聲音。喬曾經試著讓它閉嘴，但從未成功。他也試過從電視上、書上或朋友那裡學來的方法，例如正面思考、想像美好的畫面或說些鼓勵的話語，然而，正面的聲音總是被那個負面又充滿批判性的聲音淹沒。

跟你們分享一個小祕訣。想一句你經常用來抱怨自己或批評自己的難聽話，注意你說這句話時的聲調。接下來，我要你重複這句話，但請用搞笑的聲音說。

想像自己用米老鼠或唐老鴨的聲音說這句難聽話，注意一下感覺是不是變了。這個方法之所以有效，是因爲講話的聲調比內容更能影響我們的感覺。很多人會改變說話的內容，對自己說了許多正面話語，感覺卻一點都沒變。記住，重點不是你說了什麼，而在於你**怎麼說**。

喬好似得到一記當頭棒喝！難道這就是他改變不了內在聲音的原因？喬試著用米老鼠的聲音批評自己，卻咯咯地笑了。聽起來實在太好笑了，更重要的是，現在這些負面評論聽起來也變得非常好笑。

不同的聲調會產生不同的感覺，現在我們來實際練習一下。分成兩人一組，然後夥伴之間彼此要求，要對方想一想過去一些他曾經批評自己的情境。找出那些情境之後，請對方用幾種不同的搞笑聲調對自己說那些批評的話，並注意感覺有沒有改變。重複進行幾次之後，你會發現負面的聲音開始出現變化，你的感覺也變得不一樣了。最棒的是，那個批判聲再也不會像以前那樣影響你了。

喬立刻避開羅斯和安娜的目光，站起來離開座位。他轉身看見棕髮女子離他只有三個位子遠，便在心中想像一個「能量方塊」，然後走進方塊裡。正當他要鼓起勇氣接近棕髮女子時，一位年紀較大的女士來到他面前。

「嗨，你要和我一起練習嗎？」

喬的視線越過年長女士的肩膀，看見棕髮女子接受別人的邀請了。

「當然好啊，我叫作喬。」他趕緊移回視線。

「很高興認識你，我叫泰瑞莎。」她將灰色鬈髮往後撥，拉了拉身上那襲圓點圖案的長洋裝，優雅地坐在喬的身旁。

喬得知泰瑞莎是從愛爾蘭來的醫生，上過很多班德勒的課。她很好相處，講起話來的感覺像個母親一樣，讓人覺得很溫暖。喬也喜歡她純正的愛爾蘭腔。

「幾年前，我得過恐慌症，」泰瑞莎解釋道，「便開始尋找控制自身感覺的方法。向班德勒博士學習之後，我才明白，恐慌發作時，我都在自己的心中播放電影，電影裡的我喘不過氣來，一直被困住，甚至快要死掉了，而這當然讓我的狀況愈來愈糟。之後，我學會掌控腦海中的想法——當然不是一夕之間就學會，而是一點一點地學著控制我在腦中創造出來的畫面。結果，我的感覺好多了。總之，我們開始練習吧。」

喬很想嘗試這項練習，因爲他渴望改變內在聲音的語調。泰瑞莎先帶著他做一次。剛開始情況還可以，接著，他遇到了瓶頸。他愈是掙扎，愈無法集中精神改變內在那個批判聲，也就難以進行下去。「我不曉得怎麼做這項練習，也不知道自己是否眞的弄懂它了。」

「我可以給個建議嗎？」泰瑞莎說。

「當然可以。」

「當你對自己說你不懂這項練習時，也要用不同的聲調說。」

好像很簡單。當喬用滑稽的聲音重複這些話語時，他發現批評的話聽起來馬上變得很好笑。他繼續練習，發覺自己可以改變許多自我批評的話語了。隨著練習的次數增加，長久以來一直籠罩著他的焦慮變得愈來愈微弱了。

練習結束之後，泰瑞莎和喬聊得很開心。喬想著晚點有機會還要跟她多聊一聊。泰瑞莎十分隨和，喬覺得自己也許可以從她身上學到很多東西。

很快地到了下午的休息時間。喬決定不出去抽菸，待在座位上。他覺得班德勒的方法的確有道理，但還是很懷疑這麼簡單的技巧是不是眞能造成如此大的改變。他飛快地翻閱面前的課程手冊。他常常聽人家說，改變很難持續下去，而且過程往往很慢，也很痛苦。

當喬從課程手冊中抬起頭來，發現棕髮女子在幾個位子之外看著他。喬的雙眼對上她那綠色的大眼睛，她正對著喬微笑。喬屏住呼吸，意識到自己心跳加速，嘴巴好像動不了了。她一邊對著喬展露笑容，一邊從座位上站起來。喬好不容易才有辦法重新控制自己的臉部肌肉，勉強露出微笑。她朝著喬走過來，但走到一半就被「大猩猩」的朋友攔住了。

喬的心往下一沉。怎麼會這樣？但應該還有希望，那個笑容代表她想認識喬吧。一定是的。就在這個時候，內心的批判聲又開始說話了：開什麼玩笑？這麼漂亮的女人會對你有興趣？你嘛幫幫忙！喬垂頭喪氣地坐在椅子上，接著他搖搖頭，突然想起不久之前做的練習。於是，他換上米老鼠的聲音，對自己重複剛才那些刻薄的話，然後忍不住笑了。這一次，他主動望向棕髮女子，給她一個頑皮的笑容，她注意到了，也回了他一個相同的微笑。喬將視線轉回手冊上，心裡覺得暖洋洋的。

喬翻著課程手冊光滑的紙頁，想著「個人自由」這件事。他眞的有能力讓自己變得快樂嗎？他眞的能掌控自己的人生嗎？某一部分的他告訴自己，他無法控制發生在自己身上的事；然而，另一部分的他又對自己說，他可以掌控自己對於過去經驗的想法與呈現方式，就像班德勒說的一樣。

喬很想知道他能否有效控制他在自己腦海中創造出來的畫面、電影，以及對自己說話的方式。如果加強練習，也許就能找到方法，讓他對自己、對自己的人生更加滿意。

快樂的技能

喬的思緒再度被班德勒強而有力的聲音拉回會場。班德勒開始解釋，感覺與情緒並非我們**擁有**的東西，而是我們**做**的事。

來找我諮商的人常常對我說：「我有憂鬱症。」我通常會回道：「那把你的憂鬱症給我，我要仔細瞧一瞧。」對方往往會用奇怪的眼神看著我，好像我是個瘋子。他們談論焦慮的方式，彷彿「焦慮」這個東西會離開，也會回來。然而，焦慮不是這樣運作的。我們其實不會有憂鬱或焦慮，這些感覺是我們透過在腦袋裡所做的事創造出來的。

班德勒說到這裡停了一下。喬仔細消化剛才聽到的話，在場學員一如預料地鴉雀無聲。

如果建立開心、快樂和成功的習慣，我們就會有快樂和成功的人生；如果養成壞脾氣、沮喪和憂鬱的習慣，我們就很容易有這些不好的感覺。快樂是一項活動，是需要練習的技能。就像騎腳踏車或學外語一樣，你愈常練習某項技能，就會表現得愈好。你思及過去的方式也是一樣。俗話說得好：「天有不測風雲，人有旦夕禍福。」重點是，不要一直沉溺於壞事之中，想個不停。把一顆小石頭丟進池塘裡，水面的確會起漣漪，但那些波紋終究會平靜下來。當人們執著於某件事情時，不免會小題大作。

喬想起父親、麗莎、老闆，以及下個月被迫在董事會報告的事。他想到自己的身材變形得很厲害，想到自己多想戒菸、多想恢復良好的體態。他想起過去所有不開心的時刻。然而，現在腦海中出現這些畫面時，他發現自己會下意識地開始處理：這些畫面還來不及讓他產生不好的感覺，就被他推開、縮小，移到遠方去了。

比方說，如果遭到背叛，那麼一直回想這個經驗是沒有幫助的，我自己就試過。我去找治療師，結果他要我想著某個對我很壞的人，想像他就坐在椅子上。然後，他要我痛打那張椅子。他說這叫「完形治療法」！他認爲對著那張椅子出氣有助於治療。

我不同意——雖然我可以說是完形治療法的黑帶高手，也不怕打壞家具。

現在，那位治療師要我想像某個傷害過我的人就坐在那張椅子上，然後問我是不是覺得很生氣。接著他又要我想像另一個我很討厭的人坐在椅子上，問我是不是滿腔怒火。我說我眞的很生氣。他便要我揍他，這樣我就會感覺好一點。於是，我跳起來揍了治療師一頓。我必須承認……的確感覺好多了。

全場哄堂大笑，喬也咧嘴笑得很開心。

你必須從過去學得教訓，然後向前走，因爲我們總是有選擇：我們可以選擇利用過去打造更好的未來，或是利用過去限制自己的未來。

一旦了解這一點，你就可以建立從過往經驗學習的習慣，而不是一直沉溺其中。你也會因此變得更有智慧，得以創造更美好的未來，做出更好的決定。

這是喬第一次覺得有機會擺脫過去的錯誤，第一次覺得如果下定決心，自己也許就能擁有不一樣的未來。那一瞬間，內在的批判聲試圖打擊他，讓他懷疑自己。不過，喬只是把它轉換成可笑的聲音。他才不要聽米老鼠的批評。

喬每次練習，都覺得比之前更容易一些。班德勒接著又說，我們每個人都有能力看向未來或回顧過去。他說，這就像開車，如果開車的時候一直看著後視鏡，就容易發生車禍；把注意力放在不好的回憶上也是同樣的道理。

喬現在已經完全放鬆，融入工作坊之中，而班德勒也準備爲第一天的課程做總結了。

> 關於「過去」，最棒的地方就是它已經結束了；關於「現在」，最棒的地方在於它是一份禮物；關於「未來」，最棒的地方是它充滿了美妙的機會，可以讓自己感覺美好。我希望今晚你們睡覺、甚至做夢的時候，能讓今天所學、所了解的一切滲透到腦海最深處，這樣你們就可以更有效地運用自己的大腦。

班德勒在衆人的掌聲中離開舞台，喬呆坐著。這眞是奇妙的一天。

他搖搖頭，回過神後想起棕髮女子，便在位子上轉身尋找她的人影，但她已經起身離開，快要走到會場外了。喬皺起眉頭對自己說，也許她是要去跟男友會合。但他想起了米老鼠，便用之前練習過的方法改變這個聲音，而這次也一樣成功了。

正當喬緊張地準備往出口走去時，安娜靠過來對他說：「班德勒剛剛所說的，跟我們做的事情有點像。我們就是在幫助人們改善對過去經驗的感受。」

羅斯從喬的另一邊跳出來反駁：「不，不一樣。你們讓人不斷重新體驗過去的可怕記憶，我們則教人改變回想那些記憶的方法，才不會一直活在可怕的回憶之中。」

「我們有時也會教他們用不同的方式思考，結束可怕的回憶，就像班德勒教的一樣。我們的方法是去分析、了解創傷，然後接受創傷。」

兩人激烈地辯論起來，喬翻了翻白眼，試圖緩和氣氛。他開始覺得這個討論很有意思，也對他們不同的觀點產生興趣。

準備離開會場時，喬走向艾倫，感謝他今天早上的建議。「艾倫，今天真的很謝謝你。」

「不客氣。這些方法很有用，對吧？」艾倫熱情地回應。

「對，眞的很有意思。我想，這一切的重點在於我們可以改變自己的感覺。」

「當然，人生中你可以控制的，就是腦袋裡面的東西。如果有人闖入你家，在牆壁上亂塗鴉，你會把塗鴉留在那裡嗎？當然不可能，你會把牆壁重新粉刷過。同樣的道理，爲什麼要把負面想法留在腦袋裡？那些是你不要的負面畫面或可怕聲音，留著根本沒意義，你應該立刻奪回主導權，加以控制。結果，許多人卻把大部分時間花在讓自己一直感覺不好。就像班德勒說的一樣，其中的祕訣在於你必須了解你是自己的主人，你可以主導自己的人生。」

喬點點頭。

「還有一件事：我注意到你聽講的時候沒有寫筆記。我強烈建議你去買一本個人日誌，把你學到的每一樣東西、你的每一個想法記錄下來。成爲自己人生的學生，那麼，你就能學會改變自己的世界，讓它變得更好。晚上回家的時候，記得複習今天學到的東西，把它們記錄下來，你會一生受用。」

喬向艾倫道別，並在回家的路上買了一本有著棕色皮質封面及光滑厚實內頁的筆記本。他今天學到好幾個改變想法和感覺的神奇技巧，這些方法讓他得以掌控自己體驗這個世界的方式，他想要記錄下來。他以前一直期待自己的人生變好，但現在，他已經學會創造美好生活的方法。

喬又想到那個棕髮女子，很想跟她說話。她看起來很親切，但喬對她根本一無所知。也許她已經有男友了，也許沒有；也許她會對喬感興趣，也許不會。內在的批判聲想要打擊希望的聲音，但這一次，喬用米老鼠的聲音控制了局面。

回到家之後，喬拿起當初那張打動他去上課的傳單，仔細研究內容。真的做得到嗎？他心想。沒錯，班德勒傳授的技巧的確有用，但效果能持續多久？江山易改，本性難移啊。然後，他想起艾倫的話：「也許現實不是你想的那樣，也許你所想的都能成眞。」

這一晚，喬再度一夜好眠。進入夢鄉之前他認定，自己的想法跟感覺根本不算是「本性」。他想，明天應該又是有趣的一天。

喬的學習日誌：第一天

·所謂的「個人自由」，就是感受自己到底想要什麼的能力，這樣你才能消除恐懼、悲傷與仇恨的枷鎖。組成這些枷鎖的，就是負面感覺、限制性信念，以及破壞性行為。

·許多人都碰過不好的事，但他們不是慶幸壞事現在並未發生，而是在腦袋裡一再複習發生過的壞事，等於讓「過去」毀了「現在」。

·很多人覺得自己被過去困住了，但他們其實不是真的被困住，而是養成了習慣，不斷去感受那些不好的感覺。

·我們總是有選擇：可以選擇利用過去限制自己的未來，或是利用過去打造更好的未來。這是教人如何在回顧過去時，從過去中學習，但不因過去而痛苦。

・生命的重點不是在回憶或重溫不愉快的過去，而是應該往前走，將人生看作一場冒險。

・也許現實不是你想的那樣，也許你所想的都能成真。

・所謂的悲劇，不過是存在內心的可怕回憶。回憶只是過去某段經驗的呈現，改變了那段經驗的呈現方式，也就改變了你對它的感覺。

・人生中你可以控制的，就是腦袋裡面的東西。艾倫的例子：如果有人闖入你家，在牆壁上亂塗鴉，你會把塗鴉留在那裡嗎？當然不可能，你會把牆壁重新粉刷過。同樣的道理，為什麼要把負面想法留在腦袋裡？那些是你不要的負面畫面或可怕聲音，留著根本沒意義。

・如果你不去做，它是不會發揮作用的。

第二天

如何改變限制性信念

你的信念可以困住你，也可以給你自由。
你相信的事會影響你的決定，
如果你真的想改變，
第一步就是要百分之百相信自己絕對可以改變，
也一定會改變。

信念的力量

喬拿起工作坊的手冊，出門上課去。他早到了幾分鐘，便向坐在旁邊的兩個人自我介紹。坐在他右邊的是個律師，叫馬克，左邊則是個學生兼運動員，叫彼得。身穿T恤、運動褲和運動鞋的彼得是頂尖的業餘百米短跑選手，看起來就是個運動健將。馬克今年四十幾歲，穿著polo衫和卡其褲，他說自己對有效溝通很感興趣。

「我在一家總部位於紐約的法律事務所工作，所以常常要在眾人面前說話。很顯然，好的溝通技巧非常重要，尤其對我這一行的人來說。去年在某件案子和我合作的同事就很厲害，他在陪審團面前顯得充滿自信，聽他說話我才了解到，溝通是一項很值得學習的技巧。我問他如何學會這麼棒的溝通技巧，他就告訴我理查·班德勒的名字，所以我現在才會在這裡。」

彼得則是爲了上這個課，大老遠從慕尼黑過來。他的目標是希望在比賽時可以達到最佳狀態，並解除因爲擔心表現不好而湧現的焦慮。

「全世界大部分的頂尖運動員都有個人教練，也是採用類似的方法。我想，既然這樣，爲什麼不自己把這種方法學起來就好？我的意思是，我已經讀過運動心理學了。而我聽人家說，如果要學習這種技巧，來上班德勒的課就對了。」

和彼得寬大的肩膀與厚實的胸膛相比，喬的身材顯得又矮又胖。「我發現自己很容易焦慮，你懂我的意思嗎？比賽的時候，我會很緊張。我花了一年的時間在英國跟最厲害的田徑選手一起訓練，練習的時候，我都贏他們，只是實際比賽時，我的表現就不是很理想。當我害怕時，身體會變得緊繃。我必須在比賽的時候贏過其他人，因爲再過幾個月就是歐洲錦標賽的資格賽了。此外，就算我有個人教練，來這裡多學一點東西也沒有壞處，對不對？」

喬點點頭。他想起昨天學到的「能量方塊」技巧，對彼得來說可能很有用。也許我應該介紹羅斯給他，喬心想。

班德勒出現時，看起來就像昨天一樣充滿活力。他一開口，整個會場立刻安靜下來。

想想看：如果沒有人類，問題就不會存在。種種的問題根本不存在這個世界上，而是存在我們的認知與理解之中。讓問題成眞的，其實是我們對事物抱持的信念。

今天我們要來檢視「信念」。如果可以掌控自己的信念，就能掌握自己的人生。

喬仔細聆聽，但心中充滿懷疑。問題當然是眞的，不管相不相信問題存在，問題就是問題吧？

我們要做的，就包括幫助人們相信比較有益的想法。

比方説，還記得我之前提過在精神病院遇到一個叫查理的精神分裂症患者嗎？他非常害怕，我便問他：「你一直往窗户外面看，但這裡是三樓，你是在看什麼？」

他告訴我，惡魔在跟他説話。而精神科醫師進來的時候，查理會離開，理由是：「惡魔説你和他是一夥的，你會在地獄遭到火刑處罰。」精神科醫師會搖搖頭，然後爲了讓查理好一點，就開更多藥給他，希望能「讓他清醒過來」。

呃，我是在迷幻藥盛行的一九六〇年代長大的，也算有過經驗……我沒看過吃更多藥可以讓誰清醒過來的——至少我記得的是這樣啦！

喬笑了出來。班德勒的幽默讓他可以放鬆地進入上午的課程。

大部分的精神科醫師都不知道有什麼不一樣的治療方法。他們都是好人，但絕大多數都希望用同樣的方法治療每個病人，不會去嘗試任何新療法。這就是我的優勢。我了解到，如果他們的方法根本沒有效果，那我不管做什麼，成功的機率都會比他們高。精神科醫師只會告訴查理，他不是在跟惡魔說話，然後查理會回答：「惡魔說，你一定會這樣講。他還要我告訴你，他很快就會見到你了。」

我認爲，如果精神分裂症患者無法與現實連結，我們就需要改變現實。事實上，就算你沒有精神分裂症，改變現實也可以帶來正面效果。我們常常認爲自己現在看世界的方式是對的，除非有什麼事情證明我們錯了。然而，現實並不像我們所想的那樣固定不變。

曾經有好幾個世紀，人們說地球是平的，所以你無法航行整個地球，否則就會掉下去。因此，有好長一段時間都沒人敢嘗試這件事。但後來有人說：「管他的，我們就來試試看。」他們因而發現了全新的世界，發現了其他大陸。

是啊，喬心想。很多他以前相信的事，後來發現其實都是錯的。喬開始默默思考這件事。

有多少我深信不疑的想法阻礙了我得到更好的人生？有多少次只因為我相信自己不夠好，不認為自己做得到，便放棄了？有多少事物是因為我相信自己無法擁有，就錯失掉了？喬開始發現，他的信念才是眞正的問題。

我之所以能成功治癒那些別人都已經放棄的患者，是因爲我沒有放棄他們。我一開始嘗試的方法不見得都有效，但我總是下定決心要幫他們解決問題。我想這也是任何希望改變的人都必須具備的基本條件：下定決心。

他們過去的治療紀錄在我眼裡只是無效療法的清單。我感興趣的是有用的方法，就從正確的信念開始。

例如安慰劑。有些人覺得安慰劑沒什麼，提到的時候總是很不屑地說：「喔！只是安慰劑效應而已嘛。」什麼叫作「只是」安慰劑效應而已？我們這裡所說的是你有能力自行製造止痛劑或抗憂鬱藥物耶。我們在談論的不是什麼印度大師、不是什麼聖人，而是醫學研究結果。數據顯示，人的心智就跟止痛劑一樣有效，而這些數據是來自以正常人爲對象的實驗。事實上，研究人員現在已經知道，服用安慰劑之後，大腦運作的方式會產生變化。

我的理論是，我們要開始用信念製造自己的安慰劑，讓生命變得更美好。多虧你的信念具備強大的力量，讓你的心智建構出來的「現實」可以像眞正的藥一樣影響你。這眞的很神奇，因爲人竟然可以釋放出這麼多能量。

喬聽說過人的心可以幫忙修復身體的問題，但老實說，他覺得很荒唐無稽。他以前一直相信只有醫學可以治療人，但現在，他開始對安慰劑的力量感興趣了。

我就看過許多人的病情奇蹟似地好轉。

我認識一個人，他的父親罹患絕症，已到末期，於是被從醫院送回家中，卻沒人告訴他爲什麼出院。

回到家以後，這位父親就到後院種花蒔草，做這做那的，也開始散步。他的家人一直想：「他很快就會倒下來了。」但他們還是沒有讓他知道。過了半年，家人開始擔心了，便連絡上醫生，跟他說：「你說他快死了，但他現在還活著啊。」

醫生說：「你在開玩笑吧？我以爲他幾個月前就已經過世了。」

家人回道：「沒有，而且他種的花正盛開。他還做菜，甚至接管了廚房，還出去約會。」

醫生說：「你們最好趕快帶他來醫院，我得幫他檢查一下。」

於是家人把父親帶到醫院做檢查，結果發現他的病不見蹤影了。他們說，這就是所謂的「自動痊癒」。可是，父親卻不高興了。他說：「請問一下，爲什麼我要做檢查？你明明已經把我治好了。」

醫生說：「什麼？」

「你讓我回家了啊。如果你沒治好我，怎麼會讓我出院回家呢？」

也許就是因爲他陰錯陽差地相信自己的病情已經好轉，結果他就自動痊癒了。

至於那位醫生……我打過電話問他：「這件事是眞的嗎？」

醫生回道：「嗯，不是的。應該是誤判檢查結果了，一定是哪裡搞錯了。」

當我們無法解釋某些事情時，就會替它們找藉口，這種例子不勝枚舉。也因此，明明很顯而易見的事，我們也可能沒注意到。其實每年都有成千上萬個自動痊癒的案例。

喬在想，那個人是不是眞的被誤診了？他眞的是自動痊癒嗎？他也聽過「自動痊癒」這種事。當然，許多絕症病患就算相信自己會好起來，最後還是會死掉，但如果相信自己可以痊癒，戰勝病魔的機率是不是會高一些？就算機率只有大一點點，也很不得了吧？

你的信念可以困住你，也可以給你自由。你相信的事會影響你的決定，如果你眞的想改變，第一步就是要百分之百相信自己絕對可以改變，也一定會改變。

很快就到了休息時間。喬加入馬克與彼得的談話，他們正在討論要相信自己有能力創造想要的人生，以及如何改變別人的信念。

喬特別注意彼得所說的話，他似乎滿心疑惑。「光是相信某件事，並不會讓這件事情成眞。比方說，假如我相信自己可以打破世界紀錄，不代表我眞正做得到。」

馬克不同意。「是沒錯，但是像羅傑・班尼斯特呢？許多年來，大家普遍認爲人類不可能在四分鐘內跑完一英里，也就是大概一・六公里的距離。可是在一九五四年，羅傑・班尼斯特成爲第一個做到的人。後來呢？大約在班尼斯特打破紀錄的兩個月後，約翰・蘭迪在芬蘭的一場國際賽中花了不到四分鐘就跑完一英里。接下來的三年內，另外十六名選手也成功地在四分鐘內跑完一英里。他們就是因爲相信所謂不可能突破的極限是可以被打破的，所以才做得到。」

彼得承認這個論點對他造成不小的衝擊，讓他陷入沉思。

喬也想提供一些意見。「對，我同意，班尼斯特成功突破人類極限，之後又讓一堆人接連打破紀錄，真的很不得了。可是我懂彼得的意思。就拿上台演講來說好了，有些人很擅長，有些人就是不行，我就是那種上台會講得亂七八糟的人，這點我很了解。每個人都有強項，也有弱點。」

彼得點點頭。馬克的手撫過自己的下巴，似乎正在消化喬所說的這段話。

儘管喬聊得很開心，卻也忍不住留意到今天「大猩猩」和他的朋友並沒有纏著棕髮女子。她今天獨自一個人，正盯著天花板發呆，臉上帶著些許困惑。

休息時間結束後，班德勒回來繼續上課。他開始聊起音樂和藝術。

有誰小時候被說過沒有音樂天分的？

大概有三分之一的人舉起手來。

有誰被說過沒有藝術天分的？

又有三分之一的人舉起手。

好，我問你們……是誰說的？對方又怎麼知道你們沒有這種天分？

我會提到這個，是因爲以前也有人這麼對我說。我還在念書時，老師叫我畫一棵樹。畫好之後，她就過來對我說：「你畫得太糟了，你就是沒有藝術天分。」結果之後的三十年，我從來沒拿過畫筆，因爲我相信老師說的話。然後有一天，我太太帶了顏料和畫筆回家，對我說：「我們來畫畫吧。」我回她：「可是我沒有藝術天分。」她便挑起一邊的眉毛盯著我看。結果，這種挑眉看不起人的樣子激起我想要挑戰的欲望。

我到倫敦的柯芬園找到一位很有天分、技巧高超的畫家，問他是怎麼畫出那些畫的。他說，他只是看著想描繪的事物，然後想像它畫在紙上的樣子。他會反覆想像好幾次，直到可以清楚看見那樣事物躍然紙上的模樣。接下來，他只要照著之前想像的線條描繪，直到複製出他看見的樣子。所以，我也開始練習這項技巧，結果發現自己學會畫畫了。

我們從別人那裡聽到這麼多限制，去懷疑其中一部分其實很合理。說到這個，我們來聊聊許多人對上台演講這件事所抱持的信念。有些人相信自己不是那種可以在大眾面前演講的人，覺得自己就是很害羞。

喬覺得班德勒好像在說他。一想到要在一大群人面前說話，他就很害怕。

我相信在座有很多人都相信自己絕對沒辦法改變，但我要證明改變是可能的，而且幾分鐘之內就會發生。然後，請自己去試試看，你可能會很驚訝地發現，原來自己的感覺這麼簡單、這麼快速就可以被改變。

班德勒詢問有沒有害怕在衆人面前演講的人自願上台。

一開始沒有人舉手。喬感覺到自己的胃縮了起來。他屏住呼吸，盯著自己的腳看，眼角餘光瞄到馬克舉起手。這讓喬感到不解，馬克不就是靠著在衆人面前說話這件事吃飯的嗎？喬的心開始狂跳，因爲他發現馬克的手雖然舉在空中，卻指向他。

班德勒看著台下。「你是指坐在你左邊的這一位嗎？」他問馬克。

馬克不懷好意地點點頭。

喬非常緊張，想低聲咒罵馬克，但他的喉嚨就像沙漠一樣乾。

「請問你叫什麼名字？」班德勒問喬。

喬的心跳開始加速，他可以感覺到自己的臉都紅了。

「喬。」他小聲地說出自己的名字，聲音彷彿黏在喉嚨裡。

「可以再說一次嗎？」班德勒問道。於是喬清了清喉嚨，又說了一次自己的名字。他很努力地提高音量，但衆人的炯炯目光讓他說得十分掙扎。

「喬，能不能麻煩你上台來幫個小忙？我想要協助你改變。」

喬吞了吞口水。他不能拒絕班德勒的要求，否則會很尷尬，這讓他覺得進退兩難。他離開座位，走向舞台，膝蓋在顫抖。每靠近舞台一步，他就覺得離一生中最丟臉的時刻愈來愈近。喬想起自己就算只在一小群人面前演講，也會感到恐懼，結果現在竟然得在五百個人面前說話。

他走上前去，覺得腳步很沉重，也感覺到大家的眼睛都盯著他看。他這才想到，棕髮女子可能也在看。這下子，她絕對不會想跟他有任何關係了。他覺得自己待會兒一定會很丟臉。

喬終於走到台上，面向班德勒。他一直把注意力放在班德勒身上，因爲他覺得背後那群人更可怕。

班德勒轉身面向聽衆，繼續說明。

你們知道嗎？最近一項調查指出，一般人最害怕的事情就是在眾人面前說話或上台演講。調查結果顯示，「上台演講」的排名還在「死亡」前面，「死亡」是第三名。如果眞是如此，就表示在喪禮上，大部分人寧願躺在棺材裡，也不願意站著講追悼詞。

會場再次響起笑聲，喬也忍不住笑了。班德勒又轉向他。

「好。喬，你一直很害怕這種情況，對不對？」

喬點點頭，覺得喉嚨縮得更緊了。

「那我問你一個問題：你有沒有弄錯過任何一件事？」

喬再次點頭。

「好，那你有沒有想過，你覺得自己永遠都會像這樣害怕在眾人面前說話，其實是你搞錯了呢？」

喬試著集中精神思考班德勒的話。他從來沒懷疑過上台演講的可怕，大概是因爲他之前沒試過，覺得反正就是這樣。

我再問你一件事。很久以前，你根本不會走路，後來你學會怎麼走路；很久以前，你不會說話，但後來你也學會如何說話。那麼，你覺得自己是不是有可能學會上台演講？

喬無法反駁這個邏輯，聳了聳肩。他依舊覺得喉嚨很乾。

班德勒繼續說下去。

我相信，你其實可以很有自信地站在其他人面前。你是不是覺得站在人類面前就是會很緊張？那如果面對一大群狗演講，你還會害怕嗎？

喬笑了。他這次開口答道：「不會。如果面對的是狗，我就不怕了。」他小聲地說。

所以，問題不在於有多少人在你面前，而在於他們是人，人比狗可怕多了。

喬又笑了。他想像自己在一群狗面前演講。

好，現在我要告訴你，你的信念造就了現在的你。也許你以前眞的認爲自己是這樣的人，但假如你現在改變信念，就能開始相信自己是你想要變成的那種人。

我要你想像一下你相信自己是怎樣的人，也就是一個害怕在大眾面前說話的人。想像的時候，請留意畫面是在你腦海的哪個位置。

喬指著前面偏左的地方，這是畫面出現的位置。

現在請深深地吸氣、吐氣，想像自己在眾人面前完全放鬆、充滿自信的模樣。然後，請注意畫面所在之處，這和前一個畫面的位置應該不一樣。

看著第二個畫面，喬發現果然不一樣。這次的畫面是在他的右邊，而且看起來比較遠。

現在你有一個舊畫面，是你相信的事；還有一個新畫面，是你想要相信的事。接下來的步驟，是把舊畫面——也就是你很不擅長在眾人面前說話的畫面——丟到遠方，然後快速將你充滿自信的新畫面放到原本舊畫面的位置。

喬把腦海裡負面的舊畫面移開，換上正面的新畫面。班德勒要求他很快地再做五次。神奇的是，重複練習之後，喬開始覺得自己有辦法在大家面前好好說話，甚至可以想像自己演講的情形。他還是感受得到身體裡那種緊張的感覺，但也看到了自己演講得很順利的畫面。

接下來，班德勒要他注意害怕的感覺。

當你開始覺得害怕時，那個感覺是從哪裡來的？

喬想了一下，指著自己的胃。

那麼，接下來你是在身體的哪個部位感受到害怕？再接下來呢？

喬想像著害怕的感覺，指向胸部和頭部，接著又指回自己的胃。這個感覺似乎會流經他全身，然後回到原點。

所以，這個害怕的感覺是從胃部開始，往上移動到你的胸，再來是頭，最後回到胃部。是這樣嗎？

喬點點頭，不知道班德勒接下來想做什麼。

現在我要你這樣做。想像自己在這群親切的人面前演講，同時留意感覺移動的方向。不過，我要你把移動的方向倒過來，讓它反著轉動。也就是說，我要你想像自己不讓害怕的感覺像原本一樣由下往上移動，而是讓它反過來，由上往下移。請你一邊以反方向轉動這個感覺，一邊想像自己在眾人面前說話的樣子，然後注意感覺有何變化。

喬想像自己在一群人面前演講，感覺到自己在顫抖。他注意到恐懼正在體內流動，於是開始照著班德勒的要求去做。他抓住害怕的感覺，想像它以反方向在體內移動。而當他開始把這個感覺往反方向轉時，他看見自己很從容地在大家面前說話。喬睜開眼睛，一臉訝異地看著班德勒。

班德勒只是對著他微笑。

很酷吧？接下來要玩真的了，因爲我要你對著現場聽眾做三十秒的快速演講，只要自我介紹就行了。麥克風在這裡。

班德勒把麥克風遞了過來，喬覺得自己彷彿凍結了。

記住，要留意負面感覺轉動的方向，然後想像它往反方向轉。

喬把注意力放在這個感覺上，開始想像它往反方向跑，然後再一次感受到自己冷靜下來了。他轉身面對聽眾，同時持續地讓感覺往反方向轉。「嗨，我叫作喬，我很怕上台講話。」他說得非常大聲，讓台下的所有人聽了都哈哈大笑。

聽眾的反應讓喬覺得很開心。他一邊講話，一邊感受到自信不斷增加。班德勒拿走麥克風時，他甚至覺得還可以繼續講下去。他害怕演講這件事已經好多年了，這個方法卻在幾分鐘內改變了一切。走回座位的一路上，聽眾不停爲他鼓掌。他也說不上來剛剛到底發生了什麼事，但他的感覺不一樣了。

班德勒請大家進行相同的練習，喬和律師馬克一組。他決定原諒馬克推他上台了。

練習結束時，馬克想確定喬不會殺了他。「嘿，我推你上台的事不要太介意，好嗎？我只是覺得那樣對你可能有幫助，而且你表現得很好。」

「我不介意了，現在反而覺得很感謝你。那的確正是我所需要的事，雖然一開始你陷害我上台時，我有好幾分鐘都在詛咒你慢慢痛苦而死，然後躺在班德勒說的棺材裡！」

馬克伸手抱住喬，說道：「是啊，然後你就負責唸追悼詞。」

他們兩人一邊笑著，一邊走去吃午餐。

相信改變的可能性

喬和馬克、彼得及「大猩猩」同桌吃午餐。「大猩猩」是來自英國的企業家，講話很大聲，但喬很快就發現他其實人還不錯。

彼得說他對班德勒和喬在台上的示範印象很深刻。「哇，他讓你上台面對眾人說話的示範真的讓我說不出話來，那樣的轉變太戲劇性了！剛上台時，你像風中落葉一樣抖個不停，但開始講話的時候看起來卻好專業。

你起初那個害怕的樣子應該不是裝出來的吧？」

喬揚起眉毛。「裝？不，我沒有裝。我現在還是不相信自己竟然做得到。」

彼得點點頭。「可不是嗎？我剛剛做完那個練習，現在覺得自己好像可以打破紀錄了。」

喬現在顯然成爲他人注目的焦點之一。吃午餐時，有好幾個人過來誇獎他，不過其中一對夫婦好像不是特別欣賞剛剛的示範。他們身上不像其他人一樣佩戴名牌，也沒有介紹自己是誰。

那位女士開口說道：「不錯啊，你在台上表現得很好，但你明明就不怕，否則不可能如此輕易做到。沒想到有這麼多人都受騙，以爲你眞的成功轉變了。」

「嗯，其實……」喬有話想說。

「就是啊！」那位男士打斷喬的發言，「我也這麼覺得。我是說，班德勒博士很會講故事，但害怕了一輩子的事可以這麼快就被消除——拜託，怎麼可能？」

那位女士又開口了，他們簡直就是負面能量二人組。「對啊，像我的恐懼就是真的。經過六年的治療我才了解原因，現在我終於有辦法解釋自己的創傷，以及這個創傷如何造成恐懼，並加以處理。」

「你剛剛有做練習嗎？」喬問道。

「沒有。那個練習根本毫無意義，對不對，弗雷德？」

「對啊，茱莉亞，眞的沒有意義，」弗雷德回道，「一點都沒有。我以前也做過類似這種『想像自己很有自信』的練習，就是沒用嘛。」

弗雷德的評論如此不屑，讓喬有點生氣，但他以前也是這樣，因此可以了解弗雷德他們爲何這麼想。他明白如果沒有親身體驗，不可能相信這麼短的時間可以發生如此大的轉變，但課程中的種種練習他們顯然連試都沒試過。他開始懂了，原來一個人的信念眞的會決定他是否可以改變。

喬還來不及回應，弗雷德和茱莉亞就走了。他看了彼得一眼，彼得只是搖搖頭。

「他們就是聽不懂。如果你不去做，它是不會發揮作用的。」

回到會場時，喬碰巧遇到艾倫。「嘿，喬，今天還好嗎？你早上在台上的表現很棒。感覺有沒有比以前好很多？」

喬肯定地點點頭。「我得承認，這個方法的確有兩下子，但有一件事依然使我覺得很困擾。真的這麼輕易就可以讓如此大的轉變持續下去嗎？我是說，這樣也太簡單、太容易了吧？」

「我要你檢視自己剛剛說的話。『改變不容易』這種信念會阻礙你，」艾倫解釋道，「如果相信改變不簡單、不容易，就會真的變得很困難。你一定要改變這樣的信念才行。」

喬仔細思考艾倫所說的話。

「想想看：你原本覺得某些事情是可能的、某些則不可能，但假如你現在可以做到從前認爲不可能做到的事，不就應該重新思考自己的信念也許錯了？你今天成功地在五百個人面前說話，從前你卻認爲這絕對不可能，既然如此，不就代表還有很多事情你其實做得到？」

艾倫給喬一些時間消化一下，然後繼續說：「每個人都有尚未發揮的潛力。我問你，你處於最佳狀態時，可以做到哪些事？」

「嗯，幾乎什麼都做得到吧。」喬答道。

「沒錯。」艾倫露齒而笑，「所以，幾乎每件事對你而言都是可能的。」

喬也笑了，然後望向棕髮女子。她的眼神依然有些失焦。他想知道棕髮女子在想什麼，便決定下午的休息時間去找她聊天——帶著全新的自信主動出擊。

午餐結束之後，班德勒繼續上課。

許多年來，治療師都忙著爲病患貼標籤。我覺得將患者分類是一件很糟糕的事。比方說，他們帶我到醫院的「慢性病區」，這個詞也太可怕了。「慢性病」，意味著你永遠也好不了。像這樣把一個人的希望奪走，眞的很糟糕。

我認爲，我們一定要相信自己有能力擺脫問題、獲得自由。大家都對我說，你沒辦法幫助精神分裂症患者，但那是因爲醫生都只讓人吃藥，然後對病患說他們不過是在幻想。其實他們的問題根本不是什麼治不好的「慢性病」，只不過是治療的方法沒有用而已。

還沒有人找到解決方法，並不代表眞的沒有。如果你全心全意相信一定有解決的辦法，就有可能找到。

班德勒一針見血地指出重點：**相信自己可以達到想要的目標，你就能自由地實現這個目標。**

要小心，因爲你的信念不只影響自己的人生，也會影響別人的。

例如，有位叫羅伯．羅森塔爾的科學家幾年前進行了一項研究。他在一所學校裡隨機挑選了一些學生，並讓新來的老師相信那些學生的智商高於平均值。

一年後，那些老師以爲比較聰明的學生，在智育方面的成長比其他學生明顯許多。

羅森塔爾指出，老師不經意的行爲影響、鼓勵了那些學生的表現。這就是著名的「羅森塔爾效應」，它說明了你對這個世界、對他人的信念，都會大大影響到你生命中許多事情的結果。

喬把這項研究記在學習日誌裡，眼角餘光注意到棕髮女子正看著他做筆記。他假裝沒看到，將身體坐正、縮小腹，並梳理一下頭髮。不知道棕髮女子對於他稍早在大家面前說話的表現，有什麼想法？

自我實現的預言

從出生開始，我們就一直在接收各種負面暗示，被植入了太多負面想法。「你不夠聰明、長得不夠好看、太胖、太瘦、太懶、太好動、太窮了。」別人灌輸我們許多信念，問題是，我們也相信了這些話。這都是別人強加在你身上的限制，你必須丟掉這些信念。

父親說過的話在喬的心中響起。此外，他還記得以前老師罵他不該申請商學院，因爲他不可能申請得到。還有，同學叫他不必去參加校隊，因爲他不會被選上。有好多事情都是別人對他說他不可能做到的，他愈想愈生氣。如果這些話、這些加諸在他身上的限制，根本大錯特錯呢？

如果一個人相信自己是成功的，這樣的信念會促使他以成功的方式行動，於是就更有機會成功。這就是所謂的「自我實現的預言」。我認爲，我們必須把以下這個觀念教導給孩子，以及我們自己：學著相信自己，就會發揮出最多的潛能。

因此，我所做的就是要讓人相信自己很棒，因爲只要開始相信事實如此，行爲上就會表現出自己很棒的樣子，然後就會得到很美好的結果。

喬抓了抓自己的頭。他加諸己身的許多限制都來自他的過去，現在他卻聽到自己可以改變這一切。

喬相信班德勒所說的也許眞的有用，他甚至相信有辦法改變自己的某些信念。然而大半輩子以來，他已經透過別人灌輸給他的想法，相信自己只是個普通人，不會有什麼大成就。那麼，究竟該如何在幾天之內改變這些根深柢固的信念呢？也許可以問問艾倫？

自我信念的力量

到了休息時間，喬往艾倫那兒走去。

艾倫帶著微笑迎接他。「嗨，喬，有什麼需要幫忙的嗎？」

「你能不能跟我說明一下『自我實現的預言』？我聽得很入神，但許多想法都是從我小時候就被灌輸的負面暗示，我不確定自己有沒有辦法克服這些根深柢固的信念。」

「當然可以。」艾倫答道。「喬，其實我們這裡提到好幾種不同的信念。

「第一種信念是關於你覺得有可能或不可能的事，或者你覺得容易或困難的事。

「第二種信念是關於你對自己的想法，例如你是什麼樣的人、不是什麼樣的人。

「自我實現的預言和這幾種信念都有關連。以『我能做到什麼事』這個信念爲例，如果你發生了意外，相信自己再也無法走路，那麼你連想都不會想要接受治療，也不會去做有助於康復的復健運動。你必須擁有『我可以成功』的信念，才有辦法去做實現目標需要做的事。這是班德勒的親身體驗。幾年前，醫生說他再也無法走路了，但他拒絕相信醫生的話，不斷地尋找讓他再次行走的方法。結果，他現在又可以走路了。

「對自己的想法也是類似的道理。我最近在一家社會研究公司當顧問，但他們因爲許多很好的員工離職，而遇到一些問題。那些離職的員工都是工作了好幾年、表現亮眼的研究人員。

「這家公司被別人收購了，於是員工被叫去跟新的執行長開會。新執行長對他們說，從現在開始，他們不再只是研究人員，他們的新角色包括向客戶推銷自己的研究，所以必須也將自己視爲業務員。

「執行長說的話對其中一些人來說是不小的打擊，因爲他們自認爲是研究人員，**不是**業務員，這也是爲什麼他們當初想來這家一流的社會研究公司工作的原因。

「就算執行長希望他們變成業務員，但他們就不是業務員啊，而是做研究的人。這是他們的專業認同，新執行長說的話已經違反了他們對自己的信念。」

喬點點頭。「好，我想我懂你的重點了。所以，如果我相信自己是個有自信的人，我的行爲就會變得比較有信心；但假如我相信自己很害羞，我就會表現得更加害羞。如果我去面試時，認爲自己夠資格得到這份工作，我錄取的機會就會提高。」

「沒錯。你的信念決定你的行動，行動決定你得到的結果，而結果又決定你的信念。這是個循環：信念、行動、結果，再回到信念。」

「嗯，艾倫，謝謝你，聽起來很有道理，但我要如何改變所有限制住我的信念呢？」

改變限制性信念

「這個嘛，班德勒帶領大家做的那個改變腦中畫面位置的練習，是其中一個方法。還有一個方法，就是提出一些問題來質疑自己的信念。比方說，你有什麼樣的限制性信念？」

喬掙扎了一下，說道：「我想我大概不會有什麼成就。」

「好，那我問你，你怎麼知道？」

「因爲以前有人那樣跟我說，而且我到目前爲止也眞的沒有什麼成就。」

「對你說那些話的人有沒有可能錯了？也許他們搞錯了？」

「嗯，有可能，但我現在的狀況似乎證明他們是對的。」

「那你過去曾經試著做過什麼『大事』嗎？」

喬努力回想。

艾倫看著他說：「我猜猜看。每次有機會做大事時，你總是提醒自己以前曾被說過不會有成就，因此你連試都不試，或者沒有發揮最大的潛力。」

喬說不出話來。他是不是一直都讓那些過去的聲音限制了自己？他感覺到背脊彷彿有一股電流正上下竄動，讓他顫抖不已。

「那麼就去挑戰自己的信念，問自己：『你怎麼知道那是真的？』『誰說的？也許他們搞錯了呢？』對自己提出這樣的問題，就是在挑戰那些阻止你變得更好的信念。記住，你的信念可以限制你的世界，也可以擴展你的世界。」

「艾倫，我又得謝謝你了。」

「不客氣。」接著，艾倫朝棕髮女子的方向點點頭，「此時不去，更待何時？」

喬轉身面向棕髮女子，大步走過去。這時候，他內在的批判聲又開始搗亂，於是他改變那個聲音的語調，加以壓制。接著，他發現腦海裡出現自己被拒絕、看起來很蠢的畫面，便將那個畫面變小，並推到遠方。喬還注意到自己出現了害怕的感覺，便讓那個感覺往反方向轉。棕髮女子正在和安娜聊天，現在這個時機再好不過了。

「嗨，安娜，今天還好嗎？」喬對著她們兩人展露笑容，棕髮女子也微笑以對。他的心跳開始加速。

「很好啊。我是說，反正我又不用相信班德勒說的每一件事，不過他的確提供了很多有用的點子。對了，這是莎拉。莎拉，這是喬。」安娜以快樂高亢的聲音答道，然後看看他們兩人，大剌剌地說聲不好意思，就去買咖啡了。

喬心想，自己此刻竟然就站在莎拉面前，她真的好漂亮，皮膚看起來白皙光滑。喬的腦袋一片混亂，想要說些什麼，幸好莎拉用她溫柔的聲音先開口了。

「你喜歡這個課程嗎？」

喬掩飾著自己的緊張，努力擠出話來：「喜歡。我不得不承認，這裡提到的許多方法似乎真的有用，我本來還有點懷疑。」

「你站在台上的時候看起來根本不緊張，表現得很好。如果是我，早就嚇死了。」

喬想澄清自己並非自願上台，是被別人陷害的，而且他本來很害怕，但他意識到這樣說很難讓她留下印象，便改口：「呃，對啊，有機會讓大師親自示範，滿不錯的。」

「所有聽眾都被你唬得一愣一愣的。」莎拉開玩笑地說，臉上散發出光彩。

喬臉紅了。「這個我是不知道啦，不過我在台上的表現比我預期的好。」喬不知道接下來該說什麼，這時班德勒回到台上，打破了喬和莎拉之間的尷尬沉默。

「莎拉，很高興認識妳。那就先再見囉。」

莎拉笑著回應：「可能是我會先『再見』到你喔。」

不知爲何，莎拉開玩笑的方式讓喬心花怒放。這是在對他放電嗎？喬再次向莎拉展露微笑，然後便回到座位上。跟莎拉講過話之後，要怎麼專心聽班德勒的課呢？

不過，當班德勒開始上課、繼續以查理的故事爲例時，喬立刻變得全神貫注。

我之前跟大家說過查理的事，這是我很喜歡提起的例子。每天晚上，惡魔都會找查理說話。

我問他：「你怎麼知道對方是惡魔？」我想從來沒有人這樣問過查理，大家只是一直說那不是惡魔。

他回答：「我知道他是惡魔，因爲他頭上有角！」

我便說：「那如果我明天也戴著角來找你，我就是惡魔囉？」

他說：「不，你太矮了。」

我說：「你說什麼？」

他說：「真的，惡魔的身高有十八公尺左右，他的臉大概到這個窗戶的高度。」

喬很喜歡班德勒像這樣透過生動地描繪場景，形容案例裡的人物。

我又問：「他是什麼顏色的？」

查理說：「紅色。」

我寫下「紅色」兩個字。不用說，惡魔當然是紅色的！

「他一直對著我大叫，跟我說我小時候很不乖、做過種種壞事，還說我以後會永遠待在火海裡被火燒，然後他要把我的皮剝下來。」查理說著說著，突然大哭起來。

看到查理這麼痛苦，我的心都碎了。我之所以開始嘗試非正規的方法，就是因爲不想再看到別人如此痛苦。查理會受這麼多苦，是因爲他被自己的心智困住了。看他這麼痛苦，我也覺得很難過，便決定嘗試不一樣的方法。

那時我有一家研發公司，做的是跟立體影像有關的東西，這讓我想到一個主意。我打電話給實驗室的人，要他們把卡車開來。

他們問：「需要什麼？」

我答道：「水壓系統。另外還需要一組大的雷射機，以及一組煙霧機。」

太陽下山時，重要的時刻來臨了。我的一個員工開著卡車到場地中間，安裝好煙霧機，這樣就可以看到雷射光。我們向另一家公司買了大型的惡魔立體影像，是個看起來很巨大、很醜陋的惡魔，他那可怕的臉上還有著閃亮的牙齒和邪惡的大眼睛。這個惡魔是紅色的，而且更重要的是，他有角！

現場再次哄堂大笑。喬試著想像惡魔的樣子，有點驚訝班德勒竟然眞的這麼做。他發現，原來這個老傢伙治療病患的方法這麼有創意。

這時，查理正準備要睡覺。不用說，他通常睡得不是很好，所以那一晚他照例睡不著。突然間，有一道強光從窗户照進來，於是查理便從床上坐起來。

那時我們人就在隔壁房間，透過攝影機觀察他，還得想辦法忍住不要笑，因爲我們看到查理坐起來的時候說：「現在是怎樣？」

當時他臉上的表情眞是花再多錢也看不到。他看起來很害怕，便按下護士鈴。對啊，如果遭到惡魔攻擊，就應該趕快叫夜班護士來才對！

喬笑到淚水都在眼睛裡打轉了。

你們絕對不會相信他是怎麼瘋狂地按護士鈴，還一直尖叫，因爲他抬起頭往外看，外面就是一個十八公尺高的惡魔。

他下了床，緊張地在房間裡走來走去，不停地看著窗外。

接下來，音效進場。我們事先在樹上放了兩個音箱，弄出回音的效果——要做出宗教人物或惡魔的形象，當然少不了回音。接著，我開始講話……當時說話的是我，你們不要擔心。我對著麥克風說：「查—理—！」

查理像風中落葉一樣抖個不停，想要逃跑，但是他被鎖在房間裡，哪兒也去不了。當他開始尋找其他出口時，我又說話了：「查—理—，你一直在跟別人說我的事。」

我要提醒大家，查理雖然是精神分裂症患者，但不代表他很笨，好嗎？他走到窗戶旁，說道：「你今晚看起來不太一樣。」

這讓我看清楚他的狀況，因爲他還沒瘋到無法分辨我們製造出來的惡魔跟他腦中的惡魔有不同之處。

班德勒現在完全就是在表演，一邊說故事，一邊在舞台上跑來跑去。他的描述很生動、很清楚。

於是我對他說：「沒錯，因爲這是我最後一次來找你了！」

查理緊張地問：「最後一次？」

接著「惡魔」又說：「從現在開始，你不准再向別人提起我的名字。絕對不可以，這輩子都不行。如果再說一次，你就會承受永無止境的痛苦和折磨，明白了嗎？」

查理大喊道：「我明白了。」

順便說一下，這次的經驗讓我學到很多，其中一個教訓就是：做這種事情時，一定要讓其他人知道你在做什麼。因爲那天晚上，醫院的小教堂擠進很多人拚了命地禱告。

專心聽講的聽衆又爆出一陣笑聲。

本來所有人都已經放棄查理了，但我認爲，最重要的就是找出問題的解決之道。不論機率有多小，只要相信自己可以做到不得了的事，就能找出方法。聽見某個聲音，不代表就要相信它。重點是要學著把注意力從限制住你的想法，轉移到有用的信念上。

班德勒繼續解釋，「相信有可能」對於獲致美好結果而言是極其重要的。喬以前就聽過所謂的正面思考，但那跟現在聽到的這些完全不同。他現在聽到的東西更有道理。當你眞的相信某件事，就會帶給你不可思議的力量，幫助你達成這件事，而且成果遠超乎你的想像。

這天的課程結束時，喬看見莎拉正要離開會場。他眞的很想跟她說話，於是抓了自己的東西之後便趕緊跟上她。

莎拉注意到喬了。「欸，你對惡魔的故事有什麼感想？」她笑著問。

喬也笑了。「我覺得今天下午的課簡直棒透了。」

走出會場時，他們經過艾倫身旁，艾倫僅僅對喬點個頭，心照不宣。

喬繼續說道：「我確定有些人不喜歡班德勒說的話，可是我不得不說，我覺得我眞的可以了解他的意思。」

莎拉又笑了，這次輕輕碰了喬的手臂。「眞的嗎？我可不這麼認爲，你這個『我很怕上台演講』先生。」她開玩笑地說。

喬笑了出來。「好啦，聰明鬼，我們可不能每個人都像妳一樣啊。」

莎拉挑起眉毛，假裝目中無人地說：「是啊，我想『我們』的確不能。」

喬一邊陪莎拉走出會場，一邊聊天。他不確定莎拉會往哪個方向走，於是決定主動出擊。「要不要一起去喝杯咖啡？」

莎拉看著手表，搖搖頭：「不好意思，有人要來接我了。」她指著馬路對面。「喔，他在那裡了。我們改天再約，好嗎？」

喬的希望在瞬間破滅。「嗯，當然好。」

「不好意思。」她心事重重地說，「明天見，到時我們一起坐，好嗎？」

「可能是我會先『再見』到妳喔。」喬假裝不在乎地回應。

莎拉再次微笑，然後越過馬路，走向一輛看起來很豪華的車。坐在駕駛座的是一位穿著體面，看起來很健壯、很有魅力的男人。莎拉上車之後，車子就開走了。

喬還是走進咖啡館，點了一杯拿鐵坐下來。他看著窗外的街景，正好發現艾倫路過，便拍拍窗戶，引起艾倫的注意。

艾倫做出「嗨」的嘴型，然後走了進來。「嘿，喬，你在這裡幹什麼？你的她呢？」

「她和男朋友回家了。」

艾倫皺了皺眉。「眞的嗎？聽起來不妙喔。」

喬聳聳肩。

「介意我坐下來嗎？」

「當然不介意。」

於是，艾倫點了一杯黑咖啡，坐在喬的旁邊，一樣面對窗戶。

「喬，這些年來我看過很多人來參加工作坊，也從他們身上學到一些事。有些人來上課是想要完全改變自己的人生，希望三天課程結束之後，一切就此不同。有些人則是爲了認識人，希望可以建立更好的人際關係，甚至結交到朋友或事業夥伴。另外有些人來這裡是爲了學到有用的方法，讓自己的生命變得更美好，或者幫助他人改善生活。

「班德勒一直強調，他教導的是一種態度。這種態度就是他展現出來的好奇心、決心，以及他運用的創意。這種態度就是：『不管你想做什麼，只要相信自己做得到，就會更容易實現。』而就是這種態度解釋了我們為何可以擺脫限制住自己的種種事物，得到自由。」

「但為什麼不是每個人都了解他的意思？」喬問道。

「你應該這樣問比較好，也比較有用：你如何確定自己了解他的意思？我以前也像你一樣坐在台下上課，那時的我有一大堆問題。我對自己的人生很不滿意，彷彿被困住了，停滯不前。

「有個朋友建議我去上NLP的課，所以我在知道更多NLP的理念之後，便去上了一些課，也讀了一些相關的書；最重要的是，我把學到的東西都實際應用在生活中。多虧這樣，我改變了自己對某些事物的想法與感覺，也努力打破一些限制性信念，奪回主導權，開始計畫自己想要的未來。當然不是從此之後就一帆風順，但至少我已經掌握了實用的工具與不一樣的態度。

「我以前覺得自己又醜又笨，改變這樣的信念之後，才享受到驚人的解脫感。我了解到，從前那種認命的人生不是唯一的選項，我可以學著讓自己快樂、成功。」

艾倫的話語充滿熱情與說服力，喬聽得很專心。

「有研究指出，成功的基礎不在智商。」艾倫繼續說，「很多所謂的『笨人』後來都很成功，許多『聰明人』則表現得不太好。事實上，有很多『聰明人』都是在幫『不聰明的人』工作。」

喬思考了一下艾倫說的話。他認識許多艾倫口中的「聰明人」。

「於是我們要問：爲什麼有人可以如此快樂、成功，有人卻做不到？如果不是智商的問題，那關鍵到底是什麼？」

「目標的設定嗎？」喬問道。

「嗯，這也是一點，但不是唯一的因素。明天你會學到如何用最有效的方式設定目標，不過以我幾年來在這個領域的心得來看，我認爲讓成功人士與一般人有所區別的祕密，在於他們的信念。

「你想想看，當我們開始要去實現目標時，一定會遇到阻礙，然而，最主要的阻礙就在我們心裡，也就是班德勒今天提到的那些信念。

「成功人士對自己抱持著許多有益的信念，並擁有想要達成的目標，以及達成目標所需的資源。他們相信自己可以擁有想要的事物，也認爲自己值得擁有。就是這些信念讓他們積極行動，並獲致成果。」

喬的身體往前傾，雙手托住下巴，手肘靠在桌子上。

「班德勒今天教導的內容，都是關於如何控制自己的信念，並開始更加相信自己。信念的力量很驚人，而你可以選擇自己要相信什麼。雖然班德勒常常說不是每個人都喜歡他，但他教會了我們一種態度，讓我們可以運用這樣的態度改變自己的人生。許多人很崇拜班德勒，但他其實不想要別人崇拜他，而是希望你抓到重點，也就是實際去應用他發現的這些態度與技巧。你覺得有沒有道理？」

是很有道理沒錯，喬甚至開始感到有點害怕。「那接觸這個課程之前浪費的時間怎麼辦？」

「天底下沒有『浪費時間』這件事，所發生的一切都是爲了帶你來到你必須改變的這個點。接下來，就是你自己的決定了。」

喬和艾倫又繼續聊了一會兒。他發現，原來自己比想像中更像艾倫。他希望自己有一天也能擁有艾倫的自信，尤其是可以像他一樣快樂地做自己。

「好，明天你會學到更多有關人生目標與方向的東西，這就是創造自己想要的人生的下一步。」艾倫說道。

以前喬從來不願去思考未來，但想到這兩天的進展，現在他覺得有希望了。他決定明天要盡可能吸收課程的內容，希望在最後一天學到更多，好讓他扭轉自己的人生。

回到家之後，喬開始寫下今天所學到的事。外面正在下雨，雨滴敲打著廚房的窗戶，於是他看向窗外。夜色很黑，就像幾天前他還沒去上課的時候一樣，但喬不像之前那麼憂鬱了。這次他抬頭看向較高處的天空，注意到一些亮光。原來是星星正對著他用力地燃燒、用力地發出光芒。是不是母親正在看他？

喬看見映在窗戶玻璃上的自己，那個自己也回看著他。這時，艾倫的聲音突然在腦海中響起。喬閉上眼睛：**你的信念可以限制你的世界，也可以擴展你的世界。**

喬的學習日誌：第二天

· 如果可以掌控自己的信念，就能掌握自己的人生。

· 如果沒有人類，問題就不會存在。種種的問題根本不存在這個世界上，而是存在我們的認知與理解之中。

· 你的信念可以困住你，也可以給你自由。

· 你相信的事會影響你的決定，如果你真的想改變，第一步就是要百分之百相信自己絕對可以改變，也一定會改變。

· 你的信念造就了現在的你。也許你以前真的認為自己是這樣的人，但假如你現在改變信念，就能開始相信自己是你想要變成的那種人。

· 如果相信改變不簡單、不容易，就會真的變得很困難。

· 你處於最佳狀態時，可以做到哪些事？

·還沒有人找到解決方法，並不代表真的沒有。如果你全心全意相信一定有解決的辦法，就有可能找到。

·相信自己可以達到想要的目標，你就能自由地實現這個目標。

·有些信念是關於你覺得自己做得到什麼、做不到什麼，還有些信念是關於你認為自己是什麼樣的人、不是什麼樣的人。

·你的信念決定你的行動，行動決定你得到的結果，而結果又決定你的信念。這是個循環：信念→行動→結果→信念。

·快樂又成功的人對自己抱持著許多有益的信念，並擁有想要達成的目標，以及達成目標所需的資源。他們相信自己可以擁有想要的事物，也認為自己值得擁有。就是這些信念讓他們積極行動，並獲致成果。

·你的信念可以限制你的世界，也可以擴展你的世界。

第三天

如何創造自己想要的人生

一旦相信某件事有實現的可能，你的世界就會變得開闊。
你可以自由地改變你的思考方式、感覺方式，
也絕對可以自由地規畫想要的人生。

課程的最後一天，喬帶著好心情醒來，覺得滿懷希望，外面的世界充滿機會。但他又想：「我該從哪裡開始？」

進入會場時，喬遇到泰瑞莎，兩人決定坐在一起。他把外套放在另一邊的椅子上，希望莎拉還記得昨天說要一起坐的事。

泰瑞莎說，她來上課是希望幫助自己的病患。「你一定不相信我有多少患者的健康問題跟壓力有關，他們總是在煩惱過去或擔心未來。總歸一句，他們不是一直回想過去那些不好的經驗，就是在想像未來的事情會出差錯。」

喬答道：「的確，聽到安慰劑效應的例子讓人十分震撼。妳覺得信念眞的有如此大的力量嗎？」

泰瑞莎點點頭。「當然。隨著我讀愈多班德勒所寫的書、聽愈多他所說的話，我愈能開始去改變事情，因此現在我更加專注於維持病人的健康，而不是只在他們生病時想辦法治療。其實，大部分的人需要的就是健康的態度和行爲。」

讓別人也感覺美好

泰瑞莎的話說到一半，班德勒就走上舞台了。喬看向會場的出入口，還是不見莎拉的蹤影。班德勒注視著台下的聽眾。

我今天要談的，是如何得到你想要的事物。一旦學會掌控自己的心智、想法和感覺，你就會開始有所進展。改變了信念，就改變了你的現實，新的世界就可能出現。那麼接下來的問題是，你要如何讓這個新世界成眞？

班德勒慢慢從舞台的一邊走到另一邊。

我現在要做的，並非叫你設定目標，而是要你設定新的方向。這兩者之間的差異很簡單。設定目標就是決定你要達成什麼。眞正想要打造一個更好的人生，就必須確認自己持續有所進展。你必須確保你正在實現自己設定的目標，確保你會成爲目標實現之後你將變成的人。有些目標會改變你，讓你成爲不一樣的人。設定一個讓自己成功達成目標的方向很重要。最重要的是，一旦獲得想要的結果，旅程必須繼續下去。你的方向必須讓你持續邁向更好的未來，你「成爲什麼」比「得到什麼」更加珍貴。

我所說的就是你一定要開始設計自己的命運。不過要這樣做，就必須明智地思考，而當你被不好的感覺或情緒淹沒時，是無法好好思考的。

偶爾會有沮喪的人來找我，說他們的人生糟透了，什麼事情都不如意。有位同事曾對我說：「我的女友離開我，父母也討厭我，還丟了飯碗，每一件事情都糟到極點，連我的狗都跑了。」我心想，如果我是他的狗，也會逃之夭夭。

喬咯咯地笑了，然後看到泰瑞莎也笑到用手摀住嘴巴。

接著我問他：「做什麼樣的事情可以讓你快樂一點？」

他想了兩秒鐘，然後說：「什麼事情都沒辦法！」

我說：「好，那你回想一下以前你覺得快樂的時候。」

他說：「我沒辦法，就是沒有。一切的一切都壞到極點，人生根本糟透了。」

我又說：「好，那你想要做什麼？」

他說：「沒有！我什麼事都不想做！」

有位罹患憂鬱症的女士來找我諮商，她說她獨自生活了十六年，因爲她沒辦法認識任何人。她沒有朋友，還告訴我：「我是一個孤獨的人。」

我問她：「妳說妳從未認識任何人，難道妳在工作上從不和別人說話，在外面遇到人時也不會說聲哈囉？」

她說別人根本不會喜歡她，所以那麼做沒有意義。我發現她所做的決定都是基於這樣的想法：因爲她過去的感覺很糟，所以未來一定也會繼續有不好的感受。但這種想法明顯大錯特錯。她心中那些不好的感覺導致她做出糟糕的決定，進而爲她帶來更多問題。

喬偶爾也有心情很好的時候，那時他會覺得自己很容易就可以跟很多人說話，然而大部分時候，他都覺得自己彷彿被困住了，想到要和別人說話，就覺得很焦慮。

對了，那位女士名叫蘿拉。我給了蘿拉一些任務，並把任務的內容寫在紙上。我要她走到外面去找五個人，然後從中挑選一個她覺得相處起來最有趣的。接著，我要蘿拉想像該怎麼讓那個人也覺得她很有趣。對她而言，這彷彿是個不可能的任務。她告訴我：「我連想像自己走出去做這件事都沒辦法。」

我說：「處在**這種狀態**，妳當然沒辦法想像。」

班德勒所謂的「狀態」，指的好像就是人在當下的感覺。

於是我讓蘿拉進入放鬆的狀態。等她放輕鬆之後，我要她回想自己年紀還小的時候，想起以前咯咯地笑和開懷大笑的時候。接著，我要她轉動體內的那股感覺，然後將畫面拉近自己，並強化那個感覺。當她這樣做的時候，就可以想像自己放鬆下來，快樂地跟人閒聊。

喬想起自己前一天上台的經驗。他還記得，當他讓感覺往反方向轉動時，他的感受立刻變得完全不同。那麼，當你以正確的方向轉動感覺時，自然可以強化它。

蘿拉是個大學教授，她眞的沒辦法認識任何人嗎？不好意思，她就住在加州灣區的中心地帶，那裡的人口數大概有七百四十萬。況且，地球上有超過六十億人，她一個都沒法認識嗎？呃，我實在很難相信這種話。她口中的「我沒辦法認識任何人」，眞正的意思其實是「我能夠『不去認識別人』」。她所說的話並不表示「認識人」這件事是做不到的，而是意味著假如你很聰明，又裝笨裝得恰到好處，那你每天都可以避開好幾百個人。你每一天都要特地調整自己的生活，才有辦法不跟任何人說話，才能夠在課堂上教課，又不去注意到其他人的目光。

班德勒的話聽起來很有說服力，要保持孤獨的狀態聽起來好像眞的很難。也許他說得對？要讓自己孤獨，其實必須做許多事。那麼，喬碰上的種種問題，是否也是因爲他所做的事造成的？

蘿拉很有錢，住在好房子裡，所以她有個很棒的地方可以躲起來。她去餐廳吃飯時都一個人坐，然後對自己說：「我只有一個人。」她看著其他也是獨自來用餐的人，心想：「爲什麼他們不來跟我說話？」想一想舞會裡所謂的「壁花」，我覺得那種人只是太懶了。

很多人告訴我：「當我在舞會裡坐著時，都沒人來邀請我去跳舞。」我會說：「你也太過分了！怎麼可以這麼說？你明明知道自己一個人坐著的感覺很糟，卻讓別人帶著那種不好的感受獨自坐在那兒，也不去幫幫他們。你實在太自私了。」

他們就會說：「哇，我從來沒有這樣想過。」

請走出去，對別人好！下一次你再遲疑，結果就只是等待……然後又開始遲疑……再繼續等待，不停地等，最後死掉，而且是孤獨地死掉，連貓都沒有！因爲貓會跑掉。貓咪喜歡任何拿著開罐器的人，但不是你。就算你手上拿著開罐器，貓咪也只會看著你，然後心想：「留在這邊不值得。」

很多人聽到這裡又笑了。喬同樣笑了出來，但班德勒說的故事也讓他想起自己的情況。他有些激動，感覺到淚水在眼眶裡打轉。說起來，喬也常常發現他沉浸在自己的想法之中，以至於無法接觸他人。

我不要你裝笨，我要你把人生帶往正面的方向。這樣你不只是設立目標、實現目標，也確定你做的每一件事都讓自己的人生變得更加美好。

莎拉在喬的旁邊坐下。喬沒有看她，只是趕緊把眼淚擦乾，不讓她看到，然後繼續看著台上的班德勒。

莎拉小聲地在他耳邊說：「我錯過什麼精采的部分嗎？」

喬也小聲地回答：「他剛剛揭露了永遠擁有幸福與財富的重大祕密，

而且他說不會再講第二次了。」

莎拉又低聲地笑著問：「那他到底說了什麼？」

喬看著莎拉，作勢將嘴巴的拉鍊拉上。「我不能告訴妳，因爲他要我發誓不能說。」

「拜託你告訴我嘛！我會當你最好的朋友。」

「這個嘛，如果妳今天都對我特別好，也許我會告訴妳。」

「那如果我去問別人呢？」她笑著問。

「他們很可能會說謊，因爲班德勒也叫他們不能說。我是妳唯一可以相信的人。」喬對她眨眨眼。

莎拉又好氣又好笑地看著他，然後便轉身面向班德勒。

訂定明確的目標

好，現在我要你們把注意力放在自己想要的事物上。通常，有很多方法會讓你們得到不想要的東西，獲得眞正想要的事物的方法卻很少。例如，有個來找我諮商的人對我說，他想要減掉十一公斤的體重。我問他眞正想要擁有的是什麼，他只是一直說，他想要減十一公斤。

於是我離開一會兒，然後帶著電鋸回來，對他說：「好，這個只會痛一下子而已。」我問他覺得自己的手臂有幾公斤，接著打開電鋸開關，他才終於明白我要做什麼。他看著我，以爲我瘋了，但我只不過是提供他一個減掉十一公斤的方法而已。

喬一想到班德勒拿著電鋸的畫面，忍不住咧嘴而笑。他想要傳達的訊息很清楚：「減掉十一公斤」這個目標訂得不好。

有兩個問題可以幫助你設定有效的目標：你想要什麼？你如何知道自

己達成了沒有？這樣一來，你就可以把糟糕的目標變得比較好。

目標和願望或夢想的不同之處在於，只要達到特定條件，目標就有可能實現。好的目標必須滿足你眞正「想要」的事物，而不是你「不想要」，或是你試圖「擺脫」或「避免」的東西。

與其說「我想甩掉肥肉」，不如說出你眞正想要的事物，例如「我想要擁有健康的身體」；與其說要「擺脫債務」，不如說你想要好好付清每個月的帳單，並且有多餘的收入去追求自己喜愛的事物，讓自己活得更快樂。

喬看著班德勒張開雙手，以手勢強調他的論點。班德勒所說的，正是一個思考「設定目標」這件事的全新角度。

設定目標的時候，要很明確。假如你告訴自己的大腦你想要某樣東西，大腦就會專注在那樣東西上，所以你必須很清楚自己想要的是什麼。例如，當你想要買某款新車時，你會開始注意到街上有很多相同款式的車。爲什麼？因爲大腦比較會留意到你正在尋找的東西。所以要小心，如果尋找問題，你就會找到問題；如果尋求解決方法，你就會找到方法。因此，當你想找的是減掉十一公斤的辦法時，你就會看到我的電鋸！

班德勒挑起一邊的眉毛，等待聽衆笑完。

如何定義自己想要的事物也很重要。以夢想中的房子爲例，很多人會說：「我的目標是買到一棟夢想之屋。」你確定你的目標眞的是「買」到這樣的房子嗎？或者，你比較想要「住」在夢想之屋裡？

其中的訣竅在於弄清楚自己追求的是什麼樣的結果。「買」和「住」有很大的差別，首先是你實現目標的過程，其次則是你將會得到的結果。

你必須提出好的問題，例如：當我達成目標時，我會看到、聽到、感覺到什麼？這樣的問題對你很有幫助。

喬開始想著買房子的事，想像整個付款和簽約的過程。當他想到自己住在夢想之屋裡面時，感受到比想像買房子的過程時強大幾百倍的動力。他搖搖頭，臉上綻放出微笑。

當你不把目標瞄準自己「滿意」的部分，你的大腦就會瞄準「不滿意」的地方，尋找錯誤之處。但只要你將一個美好的聲音和畫面放進腦中，然後把注意力放在某件事物的美妙之處，你的感覺就會變好。你必須將更多注意力放在這樣的地方，因爲如果你把自己往「快樂」「成功」的方向想，你就會走到那裡。

喬握緊雙手。一直到現在，他的大腦總是把注意力放在他缺少的事物上，難怪他會不滿意自己的人生。

思考自己的目標時，也必須考慮到什麼是你可以掌控、什麼又是你無法控制的。贏得樂透頭彩這樣的目標並沒有意義，你必須把焦點放在你能掌控或影響的目標上。

喬翻弄著自己的手冊。有什麼是他可以控制又想達成的目標呢？

現在請你們做一個練習，開始計畫自己的未來。找個人一起做，幫助彼此釐清自己想要的是什麼，並確保自己以最有用的方法思考這件事。練習所需的問題就在你們的手冊裡。

喬立刻轉向莎拉，好跟她一組；莎拉也同時轉向他。由莎拉先開始，她的目標是成爲暢銷作家。

「那麼，妳想要的是什麼？」喬看著她，試著把注意力集中在練習上。

「我想要寫一本書，讓它登上暢銷排行榜。」

「好，那妳怎麼知道自己實現這個目標了？」

莎拉的眼睛亮了起來。「假如看見我的書在全球各大城市的書店裡販賣，我就知道自己達成目標了。」她看起來很快樂。

「好，那暢銷排行榜呢？」

莎拉用手指抵住嘴唇，看著天花板說：「其實，我不太在乎排行榜。我比較感興趣的是我的書可以翻譯成愈多語言愈好，讓成千上萬的人讀到這本書！哇，我愈是想到這個目標，就愈覺得興奮。」

「很好。那妳希望這個目標什麼時候可以實現？」

「我打算幾個月之後就把書寫完，希望明年底可以在書店看到我的書。」

喬把莎拉的答案記下來，然後繼續問：「很棒啊。那麼，這個目標值得嗎？妳得花很多時間寫書，這樣會錯過其他許多事情。妳認爲值得嗎？」

莎拉頓了一下，噘著嘴答道：「值得，我認爲一定值得。我不會忘記生命中其他重要的事物，但這眞的是我想要做的事。」

喬繼續問：「妳可以控制的因素有哪些？妳可以怎麼做？」

她認眞地回答：「我可以把書寫出來，自己檢查內容，然後請別人看我的稿子、給我意見。我也必須把書寄給出版社，或者找個經紀人，盡我最大的努力行銷這本書。人們會不會買書並非我能掌控的，但我可以盡全力將書鋪到書店去，讓人容易買到，並且努力宣傳，使這本書廣爲人知。」

喬帶著莎拉再做一次練習，探討得更深入。練習結束時，莎拉的臉龐閃耀著自信的光芒。她說自己決心要實現目標。「這個練習眞的很有用，我現在更清楚自己的目標了。我眞的覺得，假如我想要，就做得到。」喬也點頭鼓勵她。

接下來輪到喬做練習了。莎拉開始提問：「你想要的是什麼？」

喬把右手放在肚子上。「我想要減重。」

莎拉一臉調皮地看著他。「好，不過我現在沒有帶電鋸，如果你想要，我可以幫你找一把。」

喬也不甘示弱地笑著說：「不用了，聰明鬼，我只是想要變結實一點而已，不希望旁邊的肉軟趴趴的。」

莎拉繼續追問：「變結實的意思是什麼？擁有結實的身材之後，你會看到、聽到、感覺到什麼？」

「我想我會在鏡子裡看到自己很壯，也許還會聽見別人稱讚我的身材。我會覺得自己充滿活力，很健康。」

「照鏡子看自己啊？好自戀喔。」莎拉又在逗弄他了。

喬的臉微微變紅。

「嗯，對啊，如果妳像我一樣變結實，也會喜歡照鏡子。」

莎拉笑了。「好吧，大帥哥，那麼變強壯、變結實這件事值得嗎？你得花許多時間上健身房，得付出許多努力耶。」

喬想著什麼樣的生活方式可以讓他擁有這種身材。他想到自己必須吃的食物、做的運動，想像自己變得很健康。「我認為很值得。我不是想變成一個狂吃堅果和莓果、每天早上慢跑二十公里的人，但我會盡我所能，讓身材變成自己想要的樣子、感受到我想要的感覺。」

「那你可以控制的因素有哪些？你又能怎麼做？」

「嗯，我想大部分都是我能控制的因素。我只須找到適合我的飲食和運動計畫，然後確實執行就好了。我可以聘請私人健身教練，或者找人和我一起運動，這會讓我一直保有動力，然後我就能擁有理想的身材了。」

這次換莎拉引導他去思考這個目標的細節。練習結束時，喬覺得自己充滿動力。莎拉說她很開心可以和喬一起練習，因爲她也有類似的目標。喬聽了之後訝異得睜大眼睛、揚起眉毛。

「可是妳不需要減肥啊，妳很……」喬沒有把話說完，他怕他的讚美之詞會洩漏自己的感覺。

「謝謝你，但我知道自己眞的需要減肥。」她堅持道。「我有時很滿意自己的外表，但很多時候，我就是不喜歡自己看起來的模樣。這時，我就會變得很可怕。」

「妳的意思是會變得比現在可怕嗎？不可能吧！」喬開玩笑地說。

「哈哈，你很聰明嘛。」莎拉輕輕地打了喬的手臂一下。

到了休息時間，莎拉去買咖啡，喬走到外面呼吸新鮮空氣，順便抽菸。

他點起菸，心裡想著眞正向前邁進的感覺多麼自由。這麼多年來，他的心一直充斥著過去失敗經驗的記憶，以及每一個無法成功的原因。他從未想到，其實應該把注意力集中在想要的事物，而不是放在面臨的挑戰上。現在他明白自己應該專注於解決方法，而不是問題。

回過神來，他發現泰瑞莎遞給他一杯茶。「還好嗎？」她問道。

「很好啊。這個練習很棒，可以讓我們把焦點放在人生的方向上。我很喜歡。」

「我懂你的意思。那麼，你何時要約莎拉出去？」

「天啊，這裡的每個人都要問我這個問題嗎？她已經不是單身了。」

「你確定？」泰瑞莎皺著眉問道。「但我覺得她應該是單身。我有注意到你們的互動，她看著你的樣子很可愛，還有她對著你笑的模樣……」

喬感覺得到自己臉紅了，害羞地搖搖頭。他很想相信泰瑞莎的話，但內在的批判聲又試圖嘲弄他了。他立刻改變這個聲音的語調，所以並未受到影響。這次米老鼠再度獲勝。也許泰瑞莎說得對？喬紅著臉回答：「嗯，我們處得還不錯。」

泰瑞莎靠近喬說道：「這只是我的建議：今天課程結束後、離開之前，約她出去吧，不然至少要確認她是不是單身。不要因爲少問了一個問題，而徒留遺憾，這樣太不值得了。有時候就是要先做了再說，反正兵來將擋，水來土掩。」

喬轉移了話題。他們一喝完茶，立刻走回會場。莎拉已經在座位上了，正和前面的女生聊天。班德勒回到舞台上。

問題的力量

現在你已經開始看到自己要往哪裡前進，也發現人生要走的方向了，下一步就是開始去做前往目的地需要做的事。

這讓我們發現，我們問自己什麼樣的問題，會影響自己的生活品質。

基本上，沒有所謂的壞問題，也沒有什麼好問題，但人們常常花太多時間自問「爲什麼」，這不只沒用，反而有害。

如果你突然意識到自己快要溺死了，你會花時間問自己爲什麼溺水嗎？那種時候問這樣的問題有用嗎？當然沒有。所以，你該問的是如何離開水裡，而且要盡可能快速又安全地離開。

喬想起之前和瑪莉亞講過的那通電話。他期待再跟瑪莉亞說說話。

你一問自己問題——任何問題——你的頭腦就會開始主動尋找答案。所以如果你的問題是：「爲什麼我的感覺這麼不好？」你就會找到許多感覺不好的理由，而思考這些原因會讓感覺變得更糟。

因此，你應該開始問自己那種有助於改善生活品質、也能親身感受到影響的問題。現在我要大家花點時間彼此提問，透過適當的問題釋放自己的能量，讓你得以快速改變你理解所碰到的困難的方式。

喬茫然地看著自己的腳。這是他參加課程以來第一次覺得想不出任何東西。當大家正在找分組夥伴時，艾倫走向他，對他點點頭。

「嘿，喬，你在找練習的夥伴嗎？」

「對，但我不知該從哪裡開始做這個練習。」

「我給你幾個建議。我在引導別人實現目標時，會提出幾個問題，讓他們的大腦往正確的方向思考，將目標轉化爲實際行動。這些問題是：

- **我需要多做點什麼，才能達成我的目標？**
- **我需要少做點什麼，才能達成我的目標？**
- **我需要停止做什麼，才能達成我的目標？**
- **我需要開始做什麼，才能達成我的目標？**」

喬將每個問題仔細想過一遍。他把問題寫下來，並思考「健身」這個目標。接著，他依序問自己這些問題。

我需要多做點什麼？

多走路，盡量避免開車。

我需要少做點什麼？

少看電視，少吃披薩和冰淇淋。

我需要停止做什麼？

現在就停止抽菸。

我需要開始做什麼？

開始上健身房，一個星期要去三次，並確實執行健身計畫。買一本健康飲食的書，並在生活中應用書裡提到的原則。

艾倫給喬一些時間去做這個練習，然後說：「那麼，你現在可以提出哪些問題，讓你往更好的方向出發？」

喬發了瘋似地寫下他想問自己的問題。

- **我要如何改變？**
- **我爲什麼想要改變？**
- **改變之後，我會是什麼樣子？**
- **我該如何打造夢想中的人生？**
- **我必須成爲什麼樣的人，才能達成自己想要的目標？**
- **我必須學習什麼，以創造自己想要的人生？**
- **我什麼時候要開始行動？**

每當喬寫下一個問題，腦子裡就會蹦出另一個問題。他沒有發現艾倫在他埋頭寫筆記時已經走開了。當會場傳來音樂聲，提示練習時間已經結束時，才將喬的注意力帶回舞台中央的班德勒身上。

我現在要告訴大家，哪些東西可以打造自由。你必須擁有大部分時間都感覺美好的自由，這就是你所需要的。你需要更大、更好、更清晰、更明亮的畫面，並且被這些畫面吸引；你的腦袋裡必須有一系列全新的聲音，而且是有用的聲音。

記住，就是因爲先有了某種程度的計畫，才會導致失望；因爲有了事前的計畫，你才會覺得希望落空。但你也可以計畫其他更美好的感覺，來讓自己的人生變得更好。

所以我要你開始計畫讓自己有美好的感覺。可以從計畫肚子餓的感覺開始，因爲午餐時間到了。

這些話迴盪在喬的心裡——「就是因爲先有了某種程度的計畫，才會導致失望。」說得眞對，一點都沒錯。

我們今天會比平常稍微提早一些結束，所以我也早點讓你們去吃午餐休息一下。等大家都回來之後，我們就開始把所學到的東西全部整合在一起。

班德勒離開舞台，喬也和莎拉、泰瑞莎一起走出去。他們遇到了安娜、彼得和羅斯，六個人便決定一起吃午餐。

喬想問莎拉有沒有男朋友，也許那天車上的人眞的不是她男友，而是她的同事、朋友或……哥哥。他們一群人在餐廳坐下，莎拉去洗手間。

喬很驚訝地發現，餐桌上的安娜居然這麼有活力。她的心情眞的很好，完全看不到她第一天那種防衛心很強的樣子。「我覺得，我們只是做事方法不同，但我的確從這裡學到許多有用的東西，可以用來幫助我的當事人。」

羅斯對於安娜態度的轉變似乎也有所反應。「對啊，安娜，妳眞的很有運用這些技巧的天分。妳昨天引導我練習的方式很棒，眞的幫我釐清了一些事情。我知道爲什麼妳的當事人喜歡找妳了，雖然妳的確會把他們當成『精神病患』來分析。」羅斯開玩笑地說。

安娜笑了。「小心點，不然我要分析你囉，精神病患先生。」

看到他們最後可以相處得很好，實在令人開心。

彼得看起來也很高興。「天啊，」他對喬說，「我等不及要回去比賽了。這三天下來，我覺得自己好像眞的已經獲得什麼優勢一樣，讓我好興奮。」

「聽起來很棒啊，」喬說道，「我眞的很替你開心。記得保持連絡，讓我知道你的進展如何，好嗎？」

彼得點點頭，羅斯也跳進來說：「對啊，我們應該保持連絡，督促彼此為自己的目標努力。」

這個主意滿好的。喬還沒表示同意，他們就已經把大家分成兩人一組了。安娜和羅斯一組，喬和彼得一組，泰瑞莎則和莎拉一組。喬做了個鬼臉。他想，這是另一個機會，讓他有藉口和莎拉保持連絡。

莎拉回到餐桌之後，也同意互相督促這個點子不錯。

他們一邊吃午餐，一邊坦率地討論課程內容，以及這個課程對自己的意義。但喬很安靜。他坐在那裡沉思，想著自己的過去、現在和未來。對他來說，重點是他現在就必須改變一些事情。他需要打造自己想要的未來。

喬的人生似乎已經失控很久了，他早已認命地接受了自己所碰到的問題。但現在，他學會了控制想法和感覺的工具。

喬注意到，莎拉在和彼得聊天時，往這邊看了幾眼。她似乎想跟喬單獨說話。

喬口袋裡的手機震動了一下，是簡訊。看到發送人的名字時，他驚訝地皺起眉頭。是麗莎。爲什麼她要傳簡訊來？他打開簡訊，上面寫著：「喬，請打電話給我。我想跟你說一件很重要的事。」喬走到外面點了一根菸，再看了一次簡訊，然後回撥給麗莎。他緊張到胃都打結了。電話響了兩聲之後，就傳來麗莎的聲音。

「喬，喬，是你。」她聽起來又難過又興奮，「終於和你講到話了。」

「嗨，麗莎。沒想到會收到妳的簡訊。」

「是啊，我知道，但我最近一直想到你。」

喬不知道該說什麼，便沉默以對。

麗莎繼續說下去。「其實，我覺得我跟你很合得來。雖然我們在一起的時間只有幾個月，可是……」她的聲音慢慢變小，希望喬可以開口說說話。

喬開了口。「那個傢伙最近好嗎？」他酸溜溜地問。

「都結束了。我早就知道不會有結果，我說眞的。其實，本來就只是肉體上的關係而已，根本比不上我們在一起的感覺。」

喬不知道這到底是怎麼一回事，也不確定麗莎究竟想幹什麼。她想要回到他身邊嗎？「麗莎，妳爲什麼想跟我談？妳要的是什麼？」他有點不耐煩地問。

「喬，我愛你，也很想你，希望跟你復合。對不起，我之前犯了錯，但我知道經過這件事之後，我們的感情會更堅定。你因爲工作忽略了我，那樣的確不對，但我所做的事更糟糕。對不起。」

喬用手撫過自己的臉。

「麗莎，我在上課，現在不方便講電話。」

「至少考慮一下跟我好好談一談吧？算我求你？」麗莎懇求著。

「嗯，好，我會考慮的。」

喬掛掉電話，把菸熄掉，然後回到餐廳裡。他的心很亂。接到麗莎的電話，他有些興奮，卻也有些生氣。

「哇，喬，你看起來好像剛見到鬼。你還好嗎？」當他走向自己的座位時，莎拉這樣對他說。

「嗯，對啊，我眞的見鬼了——過去的陰魂。」他答道。

莎拉皺起眉頭，好奇地盯著他。喬聳聳肩說：「說來話長。」

「那麼，課程結束之後我們要去喝一杯，你要來嗎？」

「好啊。」喬笑著說。

吃完午餐後，喬和莎拉一起走回會場。她開始聊起自己來參加這個工作坊的原因。「我之所以來上課，是因爲我必須做些事情。幾個月前，因爲公司重整，我被解僱了。之後我應徵超過二十個工作，但一直沒被錄取。這個工作坊讓我領悟到，也許我花了太多時間在設想自己無法得到想要的一切。就像寫書的事，我真的很想將書寫完、出版，卻一直猜想這件事不可能做到。」

喬聽到莎拉的想法竟然如此負面，覺得很驚訝。從他第一天注意到她開始，他一直覺得莎拉很積極、很有自信。

「當然，我之前也說過，我真的很想變得更苗條、更健康。」她笑著說，「因此，我決定去學彼拉提斯，希望在照鏡子的時候，會喜歡自己的模樣。」喬想對莎拉說，她其實很漂亮。

「還有，不要讓我再想男人的事了……」

這是什麼意思？表示她還單身嗎？或者有男朋友，但不快樂？喬不知道莎拉的話有何含意，但決定不要問。他不想聽到任何壞消息。

「其實也沒有那麼糟啦。只是有時候，我覺得好像自己一個人在對抗這個巨大又亂七八糟的世界。你知道嗎？我已經厭倦平凡的人生了，我認爲自己值得擁有更多，而現在我知道我真是如此。這個課程正是我所需要的，它讓我可以開始對自己的人生負責。」

當莎拉誠實地說出內心想法時，喬打從心底認同。

「總之，」她繼續說道，「我說的已經夠多了。我只告訴你一個人，因爲……因爲我覺得你可以了解我的意思。」

「我完全了解妳在說什麼。」兩人又更深入地討論這個課程帶給他們的種種不一樣的想法。

幾分鐘後，他們回到會場，莎拉便坐回自己的位子。喬專心地想著課程、莎拉和麗莎的事，想得太入神了，以至於沒有注意到艾倫正靠近他。

「喬，你還好嗎？你看起來完全心不在焉耶。」

「嗯，我很好，只是在想一些事情，消化班德勒說的話。一下子吸收太多東西了。」

「的確是很多，但別忘了，大腦比我們想像的更厲害。我們有能力學習好幾種語言、彙整大量資訊，你要多相信自己一點。有位訓練過我的老師常常說：『你比你自己以爲的還要聰明！』」

喬只是需要應用他所學到的知識，也必須做一些決定。他再次謝過艾倫，然後便回到座位上，專心聽講。班德勒要開始上課了。

回到之前提過的蘿拉的例子。當我幫助她創造出不一樣的感覺時，她對我指派的任務也有不同的感受了。她開始想像自己毫不費力地帶著自信與別人交談。我讓她得以改變自己的信念，於是，她不再認爲自己是個孤獨而憂鬱的中年婦女，反而開始想像自己的最佳狀態。

她開始放眼未來，想像自己要如何讓人生變得不一樣，而當她這麼想的時候，就已經開始走上一個美好的新方向。一旦她掌控了自己的生命，奪回主導權，她的整個人生就完全改變了。

喬邊聽邊點頭。他現在也能掌控自己的人生了。

你們每個人都能掌控自己的人生，所以，我們現在要一起踏上想像力之旅。請大家把雙腳放在地板上，放鬆身體，眼睛輕輕閉上，因爲我要大家創造一些放鬆的感覺。放鬆的感覺會讓你對未來有更美好的感受，並以不同的角度看事情。

喬閉上眼睛，更加放鬆地坐在位子上。

在處理查理的案子時，我所做的不過是讓他以不同的角度看事情。多年來，他都被自己的想像力困住了，而我要他做的，只是利用自己的想像力重獲自由。

「惡魔」最後對查理說：「查理，我要你轉向床邊的桌子，你會看到一本書。」

查理轉過身，果然看見一本有著紅色封面的書。

「惡魔」繼續說道：「這是我的書，我要你好好地讀，而且絕對不要再向任何人提起我的名字。」

於是查理轉而去讀那本書。封面印著書名：《保險業務手冊》，旁邊還有一張名片，上面有查理的名字。

其實，我認識幾個保險公司的人，而因爲查理以前是個業務員，我就問保險公司的朋友願不願意給查理一份工作——事實上，他後來成了超級業務員，不到一年就賣出超過台幣三千萬元的保險！沒有相當的動力，可達不到這樣的業績。

於是查理重拾自己的人生。他不再被關在醫院裡、被自己的想法困住，而是有機會過著更美好的生活。

沒有希望，有時就要自己創造希望。

我雖然發現了幫助別人掌控人生的方法，而且是更快速、更簡單的方法，但重點其實都一樣：你必須努力不懈，堅持下去。

喬的決心更堅定了。他對查理的故事感同身受，就算他們面對的問題不一樣，但喬內心也有個惡魔在打擊他。他總是時時在對抗心裡的那個聲音。

一旦你開始變得更快樂、更能掌控自己的人生，你必須更惜福。與其想著自己沒有的事物，不如享受現在擁有的。這樣一來，如果你擁有的東西變多了一點點，那種享受的感覺會多很多。

我認識一個人，他決心要讓自己退休時成爲一個千萬富翁。他有家庭，不過和小孩很少見面，連老婆都不常見到。結果退休的時候，他果然很有錢，但三個月後就去世了，因爲一旦無事可做，他便無聊到發瘋。整天坐在屋子裡跺腳，對他而言實在太痛苦了。他沒有驅策自己邁向更美好的未來，之前還把所有的時間都花在唯一的目標上：變有錢。但其實，他眞正需要的不過是讓自己更懂得惜福、更珍惜自己生命中的一切，這才是眞正的富有。

喬想起自己生命中所擁有的美好事物，例如妹妹瑪莉亞，甚至是工作上讓他覺得愉快的部分。他還想到自己正在上的這個課，以及這幾天結交的新朋友。

我認爲，提醒自己如果不往最好的方向走，可能會發生多少可怕的事，是個好主意。

有時候，光是想到未來有多可怕，就能驅使你朝自己想要的目標前進。然後，你就必須生動且詳細地想像自己已經擁有了想要的事物，並且去做實現夢想需要做的事。

喬一直以爲，要激發動力，就必須想著自己希望達成的目標。然而，現在他開始思考，假如自己原地踏步、停滯不前，會怎麼樣？相對地，如果他實現了目標，又會如何？這麼一想，他就更有決心要達成目標了。

激發動力的方式基本上有兩種，一種是想要遠離痛苦的強烈欲望，另一種是想要接近快樂的渴望。

就像之前提過的那個在恐怖攻擊中倖存下來的年輕女生，她學會了一件絕對有必要的事：把注意力從過去的問題轉移到未來的機會上。

她必須了解，愈是讓自己想起那個創傷，她的感覺就會愈糟；而當她開始讓自己習慣去想像未來時，她就會覺得很棒。事實上，幾個月後她寫了一封電子郵件給我，謝謝我帶她做練習。她學會了驅使自己遠離負面感受，進而讓自己覺得未來充滿希望。

當你清楚看見什麼事情是有可能的，並決定加以實現，你就能創造出令人驚奇的事物。想想看，有一段時期，地球上完全沒有任何建築物，現在卻有幾百萬棟；以前想要接觸住在地球另一端的人是不可能的，現在搭飛機過去，花不到一天的時間。

我們可以透過網路和位於不同大陸的人溝通，不但可以講話，還看得到對方。每個人都擁有無限的可能性，一旦獲得自由，你就能創造自己想要的人生。

自由。班德勒講的每一個故事、每一段經驗，主題都是「自由」。那些人被自己的思考方式困住了，就像喬之前一樣；現在他們自由了，而喬也有可能像他們一樣獲得自由。他開始對未來充滿期待。

今晚當你睡覺做夢時，你的心會開始思考我這三天來所說的話，思考「個人自由」的概念。

我這一生的工作，就是在幫助人們解開負面感覺與限制性信念的枷鎖，讓他們可以自由地創造想要的人生。

就像我第一天說的，很多人覺得自己被過去困住了，但他們其實不是眞的被困住，而是養成了習慣，不斷去感受那些不好的感覺。許多人用自己的「過去」摧毀了「現在」，他們相信，過去發生的壞事將決定他們的未來。

我要你向過去學習，我要你把現在看作一個可以嘗試新事物的機會，我要你期待一個你可以創造的、充滿機會的未來。

當我跟著維吉尼亞·薩提爾去精神病院時，之所以能夠幫助那裡的許多人，是因爲我相信自己有可能幫助他們。

一旦相信某件事有實現的可能，你的世界會變得更豐富。然後，你會自由地成爲你可以變成的人、自由地去做你其實做得到的事。你一定要記住，你可以自由地改變你的思考方式、感覺方式，也絕對可以自由地規畫想要的人生。你必須掌控自己的命運。別忘了，表現得好像你可以掌握自己的人生，你就能掌握自己的人生。

班德勒說完，眾人忍不住站起來熱烈鼓掌。喬也是，因爲班德勒讓他了解到何謂自由。

莎拉一馬當先地衝去排隊，等著跟班德勒照相。喬決定放棄，因爲隊伍已經排得很長了。他朝出口走去，在那裡遇到艾倫。

「艾倫，謝謝你，你眞的幫了我很多忙。如果可以，我希望跟你保持連絡。」

「當然沒問題。」艾倫笑著遞出名片。「隨時都可以找我，讓我知道你過得如何，好嗎？」

喬看著艾倫的名片，說道：「好，我會的。」

艾倫又對他說：「現在大家都擠在前面請班德勒簽名，並當面向他致謝，但就像他經常說的：『不要用讚美來報答我，要用行動來回報我。』

喬，你要好好利用你在這個課程裡學到的事。」

「我會的。」喬答道，同時對於自己回答得如此肯定深感訝異。和艾倫握手道別之後，他就去找其他人了。

莎拉從前面回來了，看起來很開心，並把她和班德勒的合照秀給喬看。兩人站著聊天，直到安娜、羅斯、彼得和泰瑞莎來找他們，然後所有人就一起離開，前往附近的酒吧。走出會場時，喬拿出口袋中的香菸，看了最後一眼，便丟到垃圾桶裡了。他轉過身，看見莎拉那張漂亮的臉，她就站在旁邊等著喬一起走。

走進酒吧時，他們邊笑鬧邊聊，談起彼此最喜歡的食物，也討論到班德勒、工作坊的課程，以及他們可以在自己的人生中做些什麼不一樣的事。

他們打算待在那裡喝一杯。沒多久，安娜找個藉口說要先走了，接下來，其他人也像約好似地一個個離開，先是羅斯和泰瑞莎，接著彼得也走了。現在只剩喬和莎拉還在聊天談笑。喬覺得他們兩人彷彿已經認識一輩子了。

喬想要問莎拉有關男友的事，但在他有機會提起之前，那天開車來接莎拉的男人便走進酒吧了。喬這時突然察覺自己和莎拉坐得很近，立刻將身體往後縮。他臉紅了，坐立難安。當他開始把玩啤酒瓶時，直覺地意識到自己這些不安的動作，於是他抓住這種不舒服與尷尬的感覺，將它們往反方向轉動。**現在怎麼做最有用？他記得艾倫說過：把注意力放在美好的感覺上，並讓其他人也感覺美好。**

那個男人走了進來，在莎拉兩邊的臉頰上各親了一下。莎拉似乎很開心見到他。喬帶著微笑站起來和他握手，莎拉介紹他的名字是泰德。「喬，你好。」打過招呼之後，泰德便轉過身，故意用女性化的聲音對莎拉說：「莎拉，妳之前把這個帥哥藏到哪裡去了！」過了兩秒鐘，喬才明白「帥哥」指的是自己，便笑了出來。原來莎拉和泰德只是朋友。

他們又聊了幾分鐘，三個人很談得來，不過喬知道自己還有一個問題要問。這時，他的手機又開始震動，是麗莎傳來的簡訊：「明天可以見個面談談我們的事情嗎？」喬回覆她：「好，下午一點。以前那家咖啡館見。」

喬轉身面對莎拉時，泰德正好走去吧台，他決定趁這個機會開口。他想像自己覺得很強壯、很有自信，並開始轉動美好的感覺，讓這些感覺通過全身。他努力對抗心中任何試圖阻擋他的負面信念，帶著微笑問道：「莎拉，改天妳願意跟我出來喝一杯嗎？」

莎拉的臉突然變得很正經。她瞪著喬，沒有說話。喬覺得彷彿過了一輩子的時間之後，她才回道：「我們已經出來喝一杯了啊。你的意思是『約會』嗎？」

喬咬著嘴唇，擔心地點點頭。

莎拉用力地眨眨眼，撥開眼睛上的頭髮，然後終於開口回答……

喬的學習日誌：第三天

· 如果尋找問題，你就會找到問題。

· 你一問自己問題，你的頭腦就會開始主動尋找答案。所以如果你的問題是：「為什麼我的感覺這麼不好？」你就會找到許多感覺不好的理由。

· 尋找讓自己感覺不好的原因不是個好主意，你應該開始問自己那種有助於改善生活品質、也能親身感受到影響的問題。

· 這四個問題可以將目標轉化為實際行動：

1. 我需要多做點什麼，才能達成我的目標？
2. 我需要少做點什麼，才能達成我的目標？
3. 我需要停止做什麼，才能達成我的目標？

4.我需要開始做什麼，才能達成我的目標？

・記住：就是因為先有了某種程度的計畫，才會導致失望。

・與其想著自己沒有的事物，不如享受現在擁有的。這會讓你驅策自己，一步一步地邁向更美好的未來。

・創造出放鬆的感覺，就比較能夠用不同的角度看事情。

・一旦相信某件事有實現的可能，你的世界就會變得開闊。

・沒有希望，有時就要自己創造希望。

・表現得好像你可以掌握自己的人生，你就能掌握自己的人生。

尾聲

此刻，什麼是你人生中最重要的事？

人的一生當中會發生好事，也會發生壞事。
你無法控制會發生些什麼，
但你一定可以掌控自己的處理方式。

NLP課程結束的三個月後，有一天，喬在整理桌上的文件時，發現了工作坊的手冊，看到上面寫著彼得的電話號碼。他打開皮夾，拿出艾倫的名片。也許我該打個電話給他們？

「喂，彼得，我是跟你一起參加NLP工作坊的喬。最近過得如何？」

「嗨，喬，很高興接到你的電話。你最近怎麼樣？我過得很好喔。我打破自己的紀錄，成功獲得歐洲錦標賽的參賽資格了。」

「眞是個好消息啊，恭喜你！我眞爲你高興。所以，你一直按照自己的計畫執行，對吧？」

「對啊，眞的很有用。我會繼續努力，全力以赴。那你過得怎麼樣？」

「還不錯啊。我又開始上健身房了，減掉了將近六公斤，覺得充滿活力。此外，工作坊結束之後，我就沒再碰菸了。偶爾還是會有低潮，但已經很少發生了。」

「『能量方塊』眞是太神奇了，每次運用這項技巧，都可以感覺到自己進入最佳狀態。羅斯教我的這個方法眞的很有用，他好像也過得不錯。我沒有泰瑞莎的消息，但莎拉好像已經找到願意替她出書的出版社了。課程結束之後，你有跟艾倫連絡嗎？」

「沒有，不過我正要打電話給他，聊聊近況。」

「那替我向他問好。」

喬答應了，然後他們又閒聊了幾分鐘。他喜歡這種連絡朋友、詢問近況的感覺。

接著，喬打電話給艾倫。「喂，喬，聽到你的聲音眞好。最近過得如何？」

喬開始說起自己這三個月來的狀況，以及剛剛從彼得那裡聽來的消息。

「都還不錯。工作坊的課程結束之後，發生了不少事，有好有壞，但我進步很多。我現在感覺很好，很滿意自己。我想我已經學會不要對自己那麼刻薄，也更相信自己了。此外，我認識的人愈來愈多，跟別人相處時也覺得更有自信。眞的很感謝你的指點。」

艾倫很開心。「眞是太好了，喬。這只是你全新人生的起點而已。」

「是啊。對了，我有個小問題想問你。雖然我現在比以前更能掌握自己的工作，但我的心就是不在那裡。我想要換工作，可是不知道接下來要做什麼。你有什麼建議嗎？」

「首先一定要記住：要忠於自己的價值。」

「我的價值？」喬問道。

「沒錯。課程結束後，主辦單位應該有寄一封信給你，信封是金色的。你收到了嗎？」

「等等。」喬翻找著眼前那一堆東西，看見許多封他先前覺得不重要而沒有拆開的郵件。他很快就找到了金色信封。「喔，找到了，一定是混在這星期的那些非緊急文件裡了。」他有點不好意思地說。

「好，打開看看。它裡面寫的東西很重要，可以幫助你弄清楚自己該怎麼做。」

掛掉電話之後，喬將信封打開來，裡面有一封信。

親愛的喬：

恭喜你完成三天的課程，學會如何獲得個人自由。不過，眞正有意思的部分接下來才要開始。

人的一生當中會發生好事，也會發生壞事。你無法控制會發生些什麼，但你一定可以掌控自己的處理方式。

學習關於個人自由的一切，讓你可以用你想要的方式去感受事物，並創造出能夠讓你的人生變得更美好的感覺。然而要享受自由，你必須再問自己一個問題。做出重大決定之前、設定目標之前，都要問這個問題。這個問題就是：

此刻，什麼是你人生中最重要的事？

好好回答這個問題，確定你心中總是有清楚的答案。這能讓你與自己的內在價值保持一致，如此一來，你的決定永遠都會支持對你最重要的事。

祝你擁有最美好的人生，也希望你已經決定選擇自由。

理查・班德勒博士

喬又將整封信重新讀了一次，專注地思考這個問題。這時，他的手機響了。看到來電顯示的名字，他笑了。是瑪莉亞。他們在電話上約好時間，要一起去散散步、聊聊天。最近幾個星期以來，他們相處的時間很多。

掛上電話之後，喬從廚房的窗戶往外看。也許是因爲剛和瑪莉亞講過話，也許是因爲這幾個月來他已經改變了對自己的想法，他忍不住一直想到母親。母親總是告訴喬，他很特別，有著自由的靈魂。他希望母親此刻正看著他。信裡的問題一直盤旋在他的腦海裡，他發現自己找到答案了。

他人生中最重要的，是「人」……包括他自己。

門鈴聲將喬的思緒從窗外拉回現實中。他跑到門邊，很快地打開門，接著臉上露出大大的笑容。他的女朋友來了。她跳進喬的臂彎裡，抱住他。喬甜蜜地吻上她的唇，凝視著她的雙眼。

「莎拉，見到妳我好開心。」

The Eurasian Publishing Group
圓神出版事業機構
用心與你對話・視野無限寬廣
方智出版社
Fine Press

http://www.booklife.com.tw　reader@mail.eurasian.com.tw

自信人生 106

NLP之父3天改變你的一生

作　　者／理查・班德勒（Richard Bandler）、艾里西歐・羅伯堤（Alessio Roberti）、
　　　　　歐文・菲茲帕特里克（Owen Fitzpatrick）
譯　　者／吳孟儒
發 行 人／簡志忠
出 版 者／方智出版社股份有限公司
地　　址／台北市南京東路四段50號6樓之1
電　　話／（02）2579-6600・2579-8800・2570-3939
傳　　真／（02）2579-0338・2577-3220・2570-3636
郵撥帳號／ 13633081　方智出版社股份有限公司
總 編 輯／陳秋月
資深主編／賴良珠
責任編輯／黃淑雲
美術編輯／李寧
行銷企畫／吳幸芳・涂姿宇
印務統籌／林永潔
監　　印／高榮祥
校　　對／柳怡如
排　　版／陳采淇
經 銷 商／叩應股份有限公司
法律顧問／圓神出版事業機構法律顧問　蕭雄淋律師
印　　刷／祥峰印刷廠
2013年2月　初版
2024年3月　18刷

定價 240 元　ISBN 978-986-175-297-6　

你本來就應該得到生命所必須給你的一切美好！
祕密，就是過去、現在和未來的一切解答。

——《The Secret 祕密》

國家圖書館出版品預行編目資料

NLP之父3天改變你的一生／理查．班德勒（Richard Bandler）、艾里西歐．羅伯堤（Alessio Roberti）、歐文．菲茲帕特里克（Owen Fitzpatrick）著；吳孟儒譯. -- 初版. -- 臺北市：方智，2013.02
216面；14.8×20.8公分. --（自信人生；106）
譯自：Choose freedom
ISBN 978-986-175-297-6（平裝）

1.溝通 2.傳播心理學 3.神經語言學 4.自我實現

177.1　　　101026847